성평등

초등 교과 연계

전학년 초등 성교육 · 성평등 교육

사회 3학년 2학기 3. 가족의 형태와 역할 변화
   4학년 2학기 3. 사회 변화와 문화의 다양성
   5학년 1학기 2. 인권 존중과 정의로운 사회

국어 3학년 1학기 9. 어떤 내용일까   5학년 1학기 8. 아는 것과 새롭게 안 것
   3학년 2학기 8. 글의 흐름을 생각해요   5학년 2학기 2. 지식이나 경험을 활용해요
   4학년 1학기 2. 내용을 간추려요   6학년 1학기 4. 주장과 근거를 판단해요
   4학년 2학기 8. 생각하며 읽어요   6학년 2학기 6. 정보와 표현 판단하기

궁금한 이야기+ 성평등

ⓒ 정수임 · 홍지연, 2020

초판 1쇄 발행 2020년 6월 30일
초판 2쇄 발행 2021년 6월 10일

지은이 정수임   **그린이** 홍지연
펴낸이 김혜선   **펴낸곳** 서유재   **등록** 제2015-000217호
주소 (우)04034 서울 마포구 잔다리로7길 18(서교동 377-20) 504호
전화 070-5135-1866   **팩스** 0505-116-1866   **대표메일** seoyujaebooks@gmail.com
종이 엔페이퍼   **인쇄** 성광인쇄

ISBN 979-11-89034-31-3 73300
   979-11-89034-02-3 (세트)

※ 이 도서는 한국출판문화산업진흥원의 '2020년 우수출판콘텐츠 제작 지원' 사업 선정작입니다.

이 책은 저작권법에 따라 보호받는 저작물이므로 무단전재와 무단복제를 금합니다.
잘못 만든 책은 구입하신 서점에서 바꾸어 드립니다.
책값은 뒤표지에 있습니다.

★ 어린이 안전 특별법에 의한 제품 표시
① 품명 : 도서   ② 제조자명 : 서유재   ③ 주소 : 서울 마포구 잔다리로 7길 18
④ 연락처 : 070-5135-1866   ⑤ 최초 제조년월 : 2020년 6월   ⑥ 제조국 : 대한민국   ⑦ 사용연령 : 8세 이상

성평등

정수임 글 | 홍지연 그림

서유재

여는 말

"누구나 무엇이든 될 수 있다"

애니메이션 영화 〈주토피아〉에서는 가젤이 호랑이와 함께 춤을 추고 여우와 토끼가 블루베리를 나누어 먹어요. 먹히는 동물도 잡아먹는 동물도 없지요. 동물이라면 누구나 살고 싶은 도시로 그려지는 이 주토피아에 최초의 토끼 경찰관이 탄생해요. 주디 홉스가 바로 그 주인공이에요. 하지만 주디가 처음 경찰관이 되려고 했을 때 모두가 그건 불가능한 일이라고 말해요. 토끼는 몸집이 너무 작아서 경찰관이 될 수 없다고 생각했거든요. 그러나 주디는 포기하지 않았고 경찰 학교를 1등으로 졸업해요. 하지만 몸집이 작다는 이유로 주차 단속만 하게 된답니다. (물론 이 일로 여우인 닉을 만나고 동물들이 실종되는 사건들도 해결하게 되지만요.)

주디가 호랑이나 코뿔소처럼 힘도 세고 몸집도 큰 동물이었다면 어땠을까요? 어느 누구도 경찰이 되는 꿈은 꾸지 말라고 이야기하지 않았을 거고 경찰 학교를 1등으로 졸업한 경찰관에게 주차 단속을 맡기지도 않았겠지요.

자, 그렇다면 〈주토피아〉의 주인공인 토끼 주디의 자리에 여성을 넣으면 어떨까요?

그래요. 주디가 주변에서 들은 차별의 말들이 전혀 새롭지 않다는 걸 느낄 수 있어요. 그 자리에 장애인이나 유색 인종 등 차별의 대상이 되는 사람들을 넣어도 어색하지 않지요. 그만큼 우리 사회는 겉으로 보이는 모습으로 자격을 제한하거나 애당초 기회를 주지 않으려는 경우가 있어요. 다만 그것이 너무 오랫동안 당연하게 여겨져 와서 이상하다고 느끼지 못할 뿐이에요.

이 책은 바로 당연하다고 여겨 온 차별과 편견에 대한 이야기예요. 책장을 넘기며 그러한 생각이나 일들에 어떤 것이 있었는지, 그리고 그것이 왜 당연한 것이 아닌지 발견할 수 있었으면 좋겠어요. 물론 그 오랜 생각이 어디에서 시작되었는지도 알게 되면 더 좋겠지요.

마지막으로 바로 이 앎을 통해 여러분이 살아갈 세상이 지금보다 더 많이 따뜻하고 평등해졌으면 좋겠어요.

"누구나 무엇이든 될 수 있다."

〈주토피아〉 속 대사처럼 '누구'이기 때문에 꿈을 포기하는 일이 없는 세상을 꿈꾸어 봐요!

차례

여는 말 | "누구나 무엇이든 될 수 있다"   4

소중한 내 한 표 – 참정권   11

 궁금한 이야기 ++   22
- 인류 최초의 직접 민주주의   • 참정권이 뭐야?   • 여성 참정권의 역사
- 사우디아라비아는 어떤 나라야?   • 사우디아라비아의 여성 참정권

 참정권을 얻기 위한 뜨거운 투쟁   28

엄마의 출장 – 가부장제   31

 궁금한 이야기 ++   43
- 엄마 아빠가 해야 할 일은 언제부터 정해졌을까?
- 여성이 중심이 되는 사회는 없을까?
- 아이를 돌보던 남자들   • 조선의 유교 문화

현모양처가 아닌 예술가로!   46

남자와 여자 - 차별   49

궁금한 이야기 ++   62
- '왕가리 마타이'에 대해 좀 더 알아볼까?
- 편견과 차별은 무엇일까?
- 일상생활에서 나타나는 편견과 차별

 차별을 뛰어넘을 거야   65

핑크는 이제 그만! - 이분법적 사고   67

궁금한 이야기 ++   78
- '여자는 분홍, 남자는 파랑'이라는 이유는 뭘까?
- 왕들은 왜 빨간색 옷을 입을까?
- 바꾸면 쓸모 있는 성평등 교과서

 여성적, 남성적 말투라고?   82

다이어트를 왜 하는 걸까? – 코르셋　85

궁금한 이야기 ++　96
- 코르셋이 뭐예요?　　• 코르셋은 사라졌을까?　　• 먹지 않으려는 병
- 완벽한 몸이란 존재하는 걸까?　　• 알고 보면 대단한 기생충

 바비 인형 같은 몸은 없어!　101

모두에게 공평한 기회 – 유리천장　103

궁금한 이야기 ++　112
- 남녀가 할 수 있는 일이 따로 정해져 있을까?　　• '알파걸'의 발견
- 보이지 않지만 존재하는 천장, 유리천장　　• 수학을 잘해서 화형당했다고?
- 유일한 여성 필즈상 수상자

 유리천장은 부술 수 있어!　116

출입 금지 너머로! – 혐오 119

 128
- 어린이 출입 금지, '노키즈존'
- 노키즈존은 불법일까?
- 유엔 아동 권리 협약

✉ 세상의 모든 지영이로부터 130

아빠가 달라졌어! – 페미니즘 133

 141
- 페미니즘이 뭘까?
- 당연한 이야기가 특별한 생각이 된 까닭
- 최초의 페미니즘 서적 – 『여성의 권리 옹호』

✉ 페미니즘을 배운다는 것 144

닫는 말 | 조금 더 따뜻하고 공평한 세상을 향한 첫걸음 146

참고한 자료와 이미지 제공처 148

"의사 결정이 이루어지는 곳에 여자들도 있어야 한다.
여자라고 해서 예외로 빠져서는 안 된다."

−루스 베이더 긴즈버그
(1933~ , 미국 연방 대법원 대법관)

남성 대법관 중심이었던 미국 연방 대법원에서 두 번째로 여성 대법관이 된 긴즈버그에게 여성 대법관이 몇 명이면 적당하겠느냐고 물을 때마다 그녀는 '전부'라고 대답한대요. 오랫동안 대법관이 모두 남성이었던 만큼 모든 대법관이 여성이 될 수도 있다는 의미이지요.

소중한 내 한 표

참정권

저녁 메뉴나 여행지를 고를 때 단지 어리다는 이유로 부모님께서 여러분의 의견을 무시하거나 아예 묻지조차 않는다면 어떨까요? 가족으로 인정받지 못하는 것 같아 많이 속상하고 또 억울할 거예요.

사람들이 함께 사는 사회에서도 당연히 사회 구성원들이 문제 해결에 함께 참여해야겠지요. 하지만 사회의 여러 일들을 결정하는 '정치'에 여성은 오랫동안 참여할 수 없었답니다. 정치 참여를 보장하는 권리, '참정권'에 관한 이야기 속으로 들어가 볼까요?

투표를 안 한다고?

오늘 아침 교문 앞은 며칠 후에 있을 학생 회장 선거 운동으로 시끌벅적해.

"기호 3번, 김유리! 기억해 줘! 찍어 줘! 뽑아 줘!"

정문을 지나자 내 친구 유리의 목소리도 들렸어. 유리는 초등학교 2학년 때 같은 반이 되면서 알게 된 친구야. 평소에 수줍음이 많아서 회장 선거에 나가는 걸 쑥스러워할 줄 알았는데 반짝이 머리띠까지 하고 손가락 세 개를 펼치며 열심히 자신을 알리고 있어.

"김유리! 파이팅!"

나는 유리에게 싱긋 웃으며 손을 흔들었어. 유리도 고맙다는 듯 활짝 웃어 주었어.

이번 회장 선거에는 나와 같은 반인 이태민도 나와. 태민이는 워낙 운동을 좋아하고 잘해서 우리 반뿐 아니라 다른 반에도 친구가 많기로 소문이 난 아이야.

1교시가 끝난 쉬는 시간이었어.

아이들이 삼삼오오 모여 이번 선거에서 누구를 뽑을지 이야기를 나눴어.

나는 지원이, 지후와 둘러앉았어.

"야, 차세미! 넌 이번 선거에서 누구 뽑을 거야? 김유리? 이태민?"

"글쎄, 아직 못 정했는데……."

나는 말끝을 흐리며 대답을 피했어. 유리를 뽑겠다고 하면 같은 반 태민이에게 왠지 미안한 마음이 들 것 같고 태민이를 뽑겠다고 하면 유리를 배신하는 것만 같은 기분이 들었거든. 그런데 바로 그때 옆에 있던 지원이가 딱 잘라 말했어.

"야! 그런 건 물어보는 거 아니거든. 그리고 나는 아무도 안 찍을 거야!"

지원이 말에 지후가 깜짝 놀라며 말했어.

"넌 김유리랑 친하잖아! 찍어 줘야지!"

"넌 친하다고 막 찍어 주고 그러냐? 투표 안 할 권리도 있는 거야!"

"찍고 안 찍고야 네 맘이니까, 네가 알아서 해라!"

지후는 얼굴이 빨개져서 휙 돌아서고는 다른 아이들이 있는 모둠으로 걸어갔어. 나는 아무도 찍지 않겠다고 말하는 지원이의 마음이 궁금했어.

"그런데 지원아! 왜 투표하지 않으려는 거야?"

"맘에 드는 후보도 공약도 없어서."

지원이는 아무 일도 없다는 듯 책상 서랍에서 사회 책을 꺼냈어. 마침 종이 쳤고 나도 더 이상 이야기를 할 수 없었어. 하지만 머릿속에는 계속 여러 질문들이 떠올랐어. 맘에 드는 후보가 없다고 투표하지 않는다는 게 누가 당선되도 상관없다는 뜻일까? 지원이처럼 투표에 참여하지 않는 친구들이 많아진다면 투표가 무슨 의미가 있을까? 그럼 내가 가진 한 표는 어떤 의미일까?

당연한, 당연하지 않은 권리

"세계에서 마지막으로 여성들이 투표권을 가지게 된 나라가 어디인 줄 아세요?"

사회 시간을 여는 선생님의 질문이었어. 나는 순간 '뭐? 그럼 여성은 투표권이 없는 나라도 있었다는 거야?' 하는 의문이 들었지. 지난 선거에 엄마와 아빠를 따라 투표소에 다녀온 적이 있는데 분명 두 분 모두 투표를 하셨거든. 그때 누군가가 대답했어.

"사우디아라비아요. 뉴스에서 봤어요!"

"맞아요. 사우디아라비아예요. 이 나라에서는 2015년 12월에 열린 선거에서 처음으로 여성의 투표권을 인정했어요."

친구들이 여기저기서 웅성거렸어.

"에이! 설마요?"

"너무한 거 아니에요? 왜 인정을 안 해 줬대요?"

"여자들이 가만히 있었대요?"

선생님은 조용히 우리의 말이 끝나기를 기다려 주셨어. 그러고는 이렇게 말씀하셨지.

"지금 여러분에게는 당연한 것들이 전혀 당연하지 않은 사람들도 있었어요."

사우디아라비아의 특별한 아침

2015년 12월 12일, 엄마는 마치 즐거운 소풍을 나가는 아이처럼 들떠 보였어. 나를 부르는 목소리도 다른 날보다 훨씬 크고 높은 것 같았지.

"파우지아! 어서 준비하고 나가자."

내가 문 앞에 나갔을 땐 아빠도 일찌감치 준비를 마친 모습으로 서 계셨어. 우리 집은 리야드에 있는데 오늘따라 거리에는 우리 엄마 아빠처럼 나란히 걸어가는 아저씨와 아주머니 들이 많이 보였어. 모두 같은 방향으로 가고 있었지. 나는 너무 궁금해서 엄마에게 물었어.

"다들 어디 가시는 거예요?"

엄마는 내 질문에 걸음을 멈추고 몸을 굽혀 나의 눈을 바라보았어. 엄마와 나는 니캅*을 두르고 있어서 사실 서로의 눈밖에 볼 수 없어. 그런데 오늘 엄마의 눈은 여느 때와 좀 달라 보였어. 눈물이 글썽거리는 것 같기도 했지만 슬퍼 보이지는 않았거든. 엄마는 내 머리를 쓰다듬으며 말했어.

"세상을 바꾸러 가는 거야."

나는 엄마의 말이 이해되지 않았어. 하지만 더 물을 순 없었어. 엄마가 다시 아빠와 앞서 걸어가기 시작했거든. 그러고는 어떤 큰 건물 앞에 섰어. 아

---

*니캅 : 무슬림 여성이 얼굴에 두르는 베일.

빠가 엄마에게 잘 다녀오라고 말했어.

"너무 떨지 마."

아빠의 말에 엄마는 고개를 끄덕였어. 그리고 검은 니캅을 감싸 쥐고 성큼성큼 건물 안으로 들어갔어. 나는 아빠에게 물었어.

"아빠, 엄마는 뭐 하러 가시는 거예요?"

"투표란다."

아빠는 나의 질문에 짧게 답하시곤 말을 이어 가셨어.

"파우지아, 바로 오늘이 네 엄마가 처음으로 투표를 하는 날이야."

"처음요?"

나는 아빠의 말이 믿기지 않았어. 투표는 어른이라면 당연히 해야 하는 일 중에 하나라고 생각했거든. 나는 아빠를 바라보며 물었어.

"왜요? 엄마는 왜 처음이에요?"

"그동안 여자들은 투표를 할 수 없었어. 4년 전에 알사우드 국왕께서 유언으로 여성의 참정권을 인정하지 않았다면 아마 이런 날도 오지 않았을 거야."

아빠의 말이 끝날 즈음 엄마가 건물 밖으로 나오는 모습이 보였어. 엄마는 들어갈 때보다 더 긴장한 것 같았어.

"엄마, 투표는 잘 하셨어요?"

엄마는 내 물음에 고개를 끄덕여 주고는 아빠를 바라보며 말했어.

"당신 덕분이에요."

아빠는 싱긋 웃으며 앞서 걸었어. 투표소에 들어가지 않고 돌아서는 아빠를 보고 내가 물었어.

"아빠는 투표 안 하세요?"

"여기는 여자들을 위한 투표소란다. 남자들 투표소는 따로 있어. 아빠도 이제 가야지."

아빠가 말했어. 아빠는 엄마와 나를 집에 데려다주고 혼자서 다녀오실 생각이래. 여성은 반드시 남성 동행자와 함께 다녀야 한다는 마흐람 제도 때문

에 엄마와 나는 둘이서 집에 돌아갈 수 없으니까 말이야. 아빠가 투표소에 가신 뒤 나는 엄마에게 물었어.

"그런데 엄마! 아까 왜 아빠 덕분이라고 한 거예요? 투표는 국왕께서 인정하셨다면서요?"

"그래, 국왕께서 인정하셨지. 하지만 그것만으로 여성이 투표할 수 있는 건 아니란다. 투표를 하려면 여러 가지 절차가 필요해. 먼저, 투표에 참여하겠다

고 미리 유권자 등록을 해야 하지. 우리나라에서는 여자들이 혼자 다닐 수 없잖아? 그러니까 남편이나 아버지의 도움을 받아야만 해. 그런데 만약 아빠가 엄마의 투표를 반대했다면 어땠을까? 그래서 유권자 등록을 하러 같이 가기를 거부했다면 말이야. 아마 엄마는 오늘 투표를 할 수 없었을 거란다."

나는 엄마의 말이 혼란스러웠어. 투표는 국민의 권리라고 배웠는데 여자의 투표는 국왕이나 남편, 아버지의 동의가 있을 때만 가능하다는 이야기가 말이야. 그러면서 또 이런 생각도 들었어. 완벽하지는 않지만 작은 변화들을, 그러니까 오늘 엄마의 투표와 같은 일들을 시작으로 앞으로 우리 사우디아라비아 여자들이 혼자 밖으로 나가는 일도 가능할지 모른다고 말이야.

너와 나의 소중한 권리

선생님께서는 우리에게 사우디아라비에서 여성이 첫 투표를 어떻게 했는지 이야기해 주셨어. 그리고 다른 나라의 이야기도 들려주셨는데 우리가 흔히 선진국이라고 알고 있는 미국이나 영국, 프랑스도 1920년이 훌쩍 넘어서야 겨우 여성이 투표할 수 있었다고 해. 특히 프랑스는 유럽에서도 늦은 시기인 1944년에 여성의 투표를 인정했는데 남성 시민 계급이 1789년, 흑인 남성 계급이 1794년에 투표할 수 있게 된 걸 생각하면 아주 늦은 셈이지.

나는 선생님의 이야기를 들으면서 엄마와 아빠가 나란히 투표하는 모습은 저절로 이루어진 게 아니라는 생각을 처음으로 하게 되었어. 그리고 여성의 투표권을 위해 노력한 사람들이 없었다면 어떠했을지도 생각해 보았지. 그랬다면 선거일에는 아빠만 투표하러 갔겠지. 우리가 한 표씩 가지고 있는 학생회장 투표권 역시도 남학생에게만 주어졌을지 모르고 말이야!

　나에게 주어진 한 표의 권리는 쉽게 버려도 되는 게 아니었던 거야. 이제 나는 지원이에게 우리가 가진 한 표의 의미를 다시 이야기해야겠어. 우리의 소중한 권리에 대해 말이지!

인류 최초의 직접 민주주의

인류 최초의 직접 민주주의는 기원전 5세기를 전후로 그리스 아테네에서 꽃피웠다고 해. 당시 그리스는 오늘날처럼 통일된 나라가 아니라 여러 도시 국가로 나뉘어 있었어. 아테네 역시 인구 3만 정도의 작은 도시 국가였지. 아테네에 있던 커다란 광장 아고라는 시장이면서 동시에 누구나 자유롭게 자신의 생각을 이야기하던 토론 공간이기도 했어. 바로 이런 까닭에 아고라는 정치와 문화의 중심이 되었고 오늘날의 민주주의가 태어난 곳으로 꼽히기도 해. 바로 이곳에서 한 치의 양보도 없이 토론하던 시민들은 '에클레시아'라고 불리던 국민 의회에 참석해서 자신의 의사를 밝혔지. 이 의회는 모두에게 말할 권리를 주었고 아주 강력한 권력을 행사했어. 법을 새로 만들거나 고쳤고 전쟁에 참여할지 결정했으며 부패하거나 위협이 될 것 같은 정치가들을 쫓아내기도 했어. 찬성과 반대를 물을 때는 색이 다른 돌을 던지고 부당하게 권력을 장악한 자들을 쫓아낼 때에는 도자기 조각에 이름을 써서 결정했대. 아테네에서 국민은 데모스라고 불렀는데 민주주의를 뜻하는 영어 '데모크라시(democracy)'가 바로 여기에서 나왔어. 하지만 이 국민에 노예, 여성, 외국인은 포함되지 않았단다.

추방할 사람의 이름이 적힌 도자기 조각. 아테네에서 국가에 위협이 될 것 같은 사람의 이름을 도자기에 적어 10년간 나라 밖으로 추방하는 제도를 도편 추방제라고 한다.

아테네 시민들이 정치를 자유롭게 논하던 아고라 터. 위쪽으로는 종교의 중심이 되는 아크로폴리스가 있다.

참정권이 뭐야?

참정권은 말 그대로 주권자로서 정치에 참여할 수 있는 권리야. 국민이 직·간접적으로 국가의 정책 결정에 목소리를 낼 수 있도록 보장하는 기본권이지. 예를 들어, 각 자치 단체에서 시행하는 주민 참여 예산 제도에 의견을 제시하거나 대통령 및 국회의원, 지방 자치 단체장 등에 당선돼 정치에 직접 참여하는 식으로 이 권리를 사용할 수 있어.

참정권 중에는 투표권이라는 게 있는데 이는 선거에서 국민이 자신의 정치적 의사를 투표라는 행위로 표출할 수 있는 권리야. 우리나라는 만 18세 이상의 모든 성인 남녀가 투표권을 가지고 있어.

여성 참정권의 역사

1789년 8월 26일, 프랑스의 국민 의회는 모든 인간이 동등한 권리가 있다는 선언을 해. 이것을 〈프랑스 인권 선언〉이라고 하는데 왕과 귀족이 강한 힘을 가지고 있던 시절에 모든 인간이 평등하다는 주장은 세상을 깜짝 놀라게 만들었어. 사실 이 선언문은 프랑스의 국왕이었던 루이 16세를 비롯해 당시 귀족들의 부패를 더 이상 견딜 수 없었던 사람들의 외침이기도 했어. 〈프랑스 인권 선언〉은 프랑스 혁명 중 발표되었어. 시민들 스스로 자유와 평등을 되찾은 이 혁명의 결과 투표권이 주어졌어. 하지만 투표권은 남성에게만 부여되었지. 프랑스에서 여성이 1944년이 되어서야 투표권을 가질 수 있었던 것을 생각하면 여성은 오랫동안 '시민'이 될 수 없었던 셈이야.

뉴질랜드의 10달러 지폐 속 인물은 케이트 셰퍼드이다. 뉴질랜드 여성 참정권 운동을 주도했고, 오랜 노력 끝에 여성 투표권을 통과시켰다.

또 세계 최초로 여성의 투표권을 인정한 나라는 1893년 뉴질랜드였지만 여성은 투표만 할 수 있을 뿐 선거에 후보로 참여하여 국회의원이 될 수는 없었어. 그러니까 당시 여성 참정권은 절반만 보장되었던 거야. 뉴질랜드에서는 1991년 드디어 여성이 선거에 나설 수 있게 되었고 1993년 최초의 여성 국회의원이 당선되었다고 해. 뉴질랜드의 영향으로 세계 각국에서 여성 참정권 운동이 펼쳐졌어. 특히 영국에서는 에멀라인 팽크허스트를 중심으로 전투라 표현될 만큼 과격하고도 필사적인 참정권 운동이 있었어. 그러니까 우리가 당연하다고 여긴 권리가 실은 수많은 사람들이 노력한 결과인 셈이라는 걸 기억해 주었으면 해.

사우디아라비아는 어떤 나라야?

사우디아라비아는 아시아와 아프리카 사이의 아라비아반도 대부분을 차지하고 있는 이슬람 국가야. 왕이 직접 나라를 다스리는 왕정 체제이지. 사막의 오아시스를 중심으로 부족을 이루고 살던 세력을 1927년 압둘 아지즈(통칭 이븐사우드)가 통일했고 1932년 오늘날의 국명으로 이름을 바꾸었어. 사우디아라비아는 막대한 석유 매장량을 바탕으로 2019년 세계 경제 규모 18위에 오른 국가이기도 해.

사우디아라비아에서 국왕은 왕인 동시에 종교의 수장 역할도 해. 그러다 보니 입법·사법·행정 분야에서 절대적인 권한을 가지고 있어. 또 이슬람의 율법과 관습을 중시하는 나라이기 때문에 그 관례에 따라 여성의 권리가 많은 부분 제한되기도 해.

예를 들자면 여성은 직접 축구 경기장에 가서 경기를 볼 수 없었어. 운전도 오랫동안 금지되었지. 또 여성은 2017년이 되어서야 남성 보호자 없이 정부 서비스를 이용할 수 있게 되었어. 여성의 축구 경기장 입장은 2018년 1월에 이루어졌는데 남성과 함께 입장해 가족석에 앉아야만 경기를 볼 수 있어. 여성 운전은 2018년 6월 24일에

사우디아라비아에서 여성의 축구 경기장 출입이 허용된 첫날 모습. 가족석 관중들 사이로 니캅을 두르거나 아바야(얼굴만 내놓고 몸 전체를 가리는 망토 모양의 복장)를 입은 여성이 눈에 띈다.

처음으로 합법화되었고 말이야. 이런 변화는 허락되지 않았던 일들이 허락이 필요 없는 일로 바뀌었음을 의미해. 물론 앞으로 달라져야 할 일들도 많이 남아 있지. 조금 더디지만 꾸준히 변화하고 있는 사우디아라비아를 다 함께 응원해 주지 않을래?

사우디아라비아의 여성 참정권

사우디아라비아에서는 여성 참정권이 2015년에서야 인정되었는데 이는 주변의 다른 아랍권 국가들과만 비교해도 매우 늦은 편이야. 팔레스타인은 1946년, 이란은 1963년, 카타르가 1999년에 여성의 투표권을 인정한 것에 비한다면 말이야.

더구나 사우디아라비아 여성 중 유권자로 등록한 사람은 전체 인구의 2퍼센트에도 미치지 못했어. 남편이나 아버지의 동의가 필요하기 때문이야.

그럼에도 최초로 여성 유권자가 참여한 2015년 선거에서 여성 투표율이 80퍼센트나 되었고 6,440명의 후보 중 여성 후보가 900명, 그중 당선자가 20명이었어. 이슬람의 성지인 메카의 마드라카 의회에서는 여성 후보가 남성 후보들을 제치고 당선되었지.

하지만 아직 여성 당선자는 전체 당선자 중 1퍼센트에도 미치지 못하는 게 사우디아라비아의 현실이야.

참정권을 얻기 위한 뜨거운 투쟁

안녕, 나는 에멀라인 팽크허스트라고 해. 영국 여성들의 참정권을 위해 싸웠어. 영국에서 21세 이상의 모든 여성이 투표권을 얻게 된 시기는 내가 죽은 후인 1928년이야. 나는 살아 있는 동안 여성들이 투표권을 얻을 수 있기를 간절히 바랐지. 왜냐고? 내가 살았던 1900년대 영국에서 여자는 어릴 땐 아버지의, 결혼해서는 남편의 소유물과 마찬가지였거든. 여성들이 입는 속옷의 한 종류인 패티코트마저도 내 것이 아닌 아버지나 남편의 것으로 여겨졌지. 불과 120여 년 전만 해도 여성은 아무것도 가질 수 없었어. 나는 바로 그때 여성사회정치연맹을 만들어서 길거리로 나갔어. 1903년의 일이었지.

나도 처음엔 비폭력 시민 불복종 운동을 전개했었어. 여성의 참정권을 찬성하는 서명을 받고 청원을 시도했지. 하지만 경찰의 진압은 가혹했고, 이런 방법만으로는 아무런 변화가 없었기 때문에 거리로 나올 수밖에 없었던 거야.

너풀거리는 드레스를 입고 길거리로 나선 여자들을 향해 사람들이 손가락질을 했지만 또 그 때문에 우리의 목소리는 더욱 크고 명확하게 전달될 수 있었어. 사람들은 그제야 "도대체 참정권이 뭐야?", "여자들이 왜 저러는 거야?", "왜 여자들을 저렇게 폭력적으로 다루는 거야!"라고 목소리를 내기 시작했거든. 물론 그 과정에서 나는 열두 번이나 감옥에 끌려갔고 두 딸을 포함해 160명도 넘는 여성들이 경찰에게 맞고 붙잡혀 감옥에 가야만 했어.

하지만 나는 그때로 돌아가도 다시 똑같은 선택을 할 거 같아. 남성의 입장에서만 세상을 본다면 세상의 절반은 보지 못하게 될 테니까 말이야. 나는 여성의 삶이 빠진 영국을 원하지 않았거든. 나를 포함한 여성들의 외침은 분명했어.

"남성과 여성에게 동등한 정의를, 동등한 정치적 정의를, 동등한 법적 정의를, 동등한 산업적 정의를 그리고 동등한 사회적 정의를!"

그것이 바로 우리 시대의 여성들의 목소리였어.

얘들아, 나는 여성과 남성에게 동등한 참정권이 부여되는 게 당연한 요즘이 놀랍고 기쁘단다. 너희들에게 부탁하고 싶어. 누군가에게는 당연한 일이 당연하지 않은 사람들도 있었다는 것을 기억해 줘. 바로 그것을 얻기 위해 목숨을 걸고 싸웠던 사람들이 있었다는 사실도 말이야. 나는 너희들이 우리를 기억하며 여전히 '당연한 권리'를 누리지 못하는 사람들을 위해 함께 노력해 주었으면 좋겠어.

가정의 천사 대신 싸우는 여자로 살았던

에멀라인 팽크허스트가

"남편의 아내가 되기 전에 내 자식의 어미이기 전에
첫째로 나는 사람인 것이오."

—나혜석
(1896~1948, 한국 최초의 여성 서양화가이자 소설가)

우리나라 최초로 개인전을 열 만큼 성공한 화가이자 작가였던 나혜석. 그러나 나혜석이 살던 시대에 여성은 딸, 아내, 며느리, 어머니로만 살아야 했어요. 온전히 자신의 꿈을 좇았던 그녀의 삶에는 그래서 늘 '파격적'이라는 말이 붙어 다녔답니다. 나혜석에게 행복은 자기 안에 있는 자기를 끊임없이 찾아 잊지 않고 살아가는 것이었거든요.

엄마의 출장

가부장제

가부장제는 가족 중 아버지에게 책임과 권한을 주는 형태예요. 남성에게 많은 권한을 준다는 점에서 평등한 가족의 모습은 아니지요. 하지만 오랫동안 이런 가족의 모습이 이어져 오면서 남성과 여성의 역할도 자연스럽게 나누어지고 말았죠. 우리는 어떤 모습으로 살아가야 할까요?

함께, 고민해 보아요.

학교 공개의 날

"엄마, 내일 학교 올 거야?"

내 동생 차우람이 엄마에게 물었어.

"어? 내일?"

엄마는 내일이 무슨 날인지 전혀 모르시는 눈치야. 그래서 내가 엄마한테 다가가 살짝 알려 주었어.

"엄마, 내일 학교 공개의 날."

엄마가 고맙다는 눈빛을 보냈어. 하지만 곧 엄마의 입가가 굳어지는 것 같았어. 혼잣말을 하시는 것처럼 보였는데 무슨 말인지 잘 들리지는 않았어. 엄마는 우람이에게 다가가 말했어.

"우람아, 내일 학교 공개의 날이지?"

엄마의 말에 우람이가 오카리나를 들고나왔어.

"엄마, 나 내일 오카리나 부는데 한번 들어 볼래?"

엄마는 고개를 끄덕였고 우람이는 삑삑거리며 오카리나를 불었어. 엄마는 뭔가 할 말이 있는 것 같았어.

"세미야!"

엄마가 나를 불렀어.

"응?"

"있잖아. 엄마가 내일 출장이라서 못 갈 거 같은데, 할머니한테 오시라고 할까?"

엄마의 말에 나는 고개를 저으며 말했어.

"아니, 괜찮아!"

하지만 우람이는 그렇지 않은 것처럼 보였어. 입을 삐죽거리기 시작했거든.

"야, 차우람! 엄마 안 오는 애들도 많아! 뭘 그런 걸 가지고 그래?"

물론 나도 속으론 엄마가 오셔서 내가 준비한 발표를 들어 주었으면 하는 바람이 있었지만 어쩔 수 없다고 생각했지.

우람이가 볼멘 목소리로 말했어.

"치! 누나는 매년 갔으면서 왜 나한테는 못 오는 건데?"

그때였어. 엄마가 지금까지 아무 말 없이 앉아만 있는 아빠를 바라보며 말했어.

"당신이 좀 가면 안 돼?"

아빠가 엄마의 물음에 곤란하다는 듯 눈썹을 찡그리면서 말했어.

"출장을 다른 사람이 가면 안 되는 거야?"

나는 아빠의 말에 깜짝 놀라고 말았어. 사실 아빠가 시간을 조절해 본다고 하실 줄 알았거든. 요즘은 학교 공개의 날에 아빠가 오는 친구들도 많으니까

말이야.

"아빠도 내일 시간 안 되세요?"

옆에서 입을 삐죽거리던 우람이가 아빠에게 물었어.

"우람아, 그런 데는 엄마가 가는 거야! 아빠는 회사 가야지!"

아빠가 말했어. 엄마는 아빠를 한번 흘깃 보고는 방으로 들어가 버렸어. 방에서는 여기저기 전화를 거는 소리가 들렸어. 나는 아빠의 말이 참 이상했어. 아빠는 정말 학교에 오면 안 된다고 생각하는 걸까? 아니면, 올 수 없다고 생각하는 걸까? 우리의 학교생활을 보는 일에 엄마와 아빠의 역할이 따로 정해져 있는 걸까?

조선 시대에도 말이야~

이불을 뒤집어쓰고 침대에 누워 있다 잠이 들었어. 그리고 꿈 하나를 꾸었어. 꿈속에서 조선 시대를 살고 있었지. 김종서라는 이름의 남자아이로 말이야. 나는 어떤 집 마루에 서 있었는데 누군가가 나를 부르는 소리에 놀라 고개를 돌려 봤어.

"종서야, 아버지의 손을 꼭 잡아야 하느니라."

"네."

나도 모르는 사이 자연스럽게 대답이 나왔어. 어머니였어. 어머니는 내가 입은 옷을 한번 살펴보시더니 다시 말씀하셨어.

"오늘 오시는 평안 감사를 환영하느라 대동강 가에 사람이 정말 많을 테니 절대로 아버지와 떨어지면 안 된다."

어머니의 말씀에 나는 계속해서 알았다고 대답하고 대청마루를 내려와 신을 고쳐 신었어. 문 앞으로 나갔더니 준비를 마친 아버지가 서 계셨어.

"종서야, 준비 다 되었느냐?"

"네. 아버지."

아버지가 손을 내미셨고 나는 아버지와 함께 길을 나섰어.

대동강 가에는 새로 오는 평안 감사를 보기 위한 사람들로 가득 차 있었어. 아버지와 함께 온 다른 아이들도 보였지. 할아버지를 붙잡고 여기저기 둘러보자며 조르는 아이도 있었어. 횃불을 들고 있는 사람들 때문에 강 주변이 낮처럼 환했어.

"종서야, 잘 따라오고 있느냐?"

"네. 아버지."

"오늘 오시는 평안 감사가 현명하시다는 소문이 자자하더구나."

"네."

"너도 나중에 과거에 급제하면 백성을 사랑하는 관리가 되어야 한다. 알겠느냐?"

"네. 아버지."

아버지와 두런두런 이야기를 나누다 보니 어느새 평안 감사가 탄 배가 우리 쪽까지 와 있었어. 사람들의 환호와 강 위에 떠 있는 커다란 배의 행렬은 그야말로 장관이었어.

나는 책에서 배웠던 조선 시대의 아버지와 지금 꿈속에서 내 곁에 있는 아버지가 참 다르다는 생각이 들었어. 조선 시대의 아버지는 엄하기만 하고 아이를 돌보는 일은 여자의 책임으로만 여긴다고 생각했거든. 그런데 꿈에서 내 손을 잡고 걸어가는 아버지는 전혀 그렇지 않았어. 바로 그때였어.

"세미야, 일어나! 학교 가야지."

엄마가 나를 깨우는 소리가 들렸어.

나는 꿈이라는 걸 알면서도 깨고 싶지 않아 눈을 꼭 감았어. 하지만 대동강 가를 함께 걷던 아버지는 더 이상 보이지 않았지.

왜 엄마가 다 해야 해?

공개 수업이 며칠 지난 저녁이었어. 아빠는 엄마가 보내 준 우람이의 발표 영상을 보고 계셨어.

"역시 우리 우람이가 제일 씩씩하구나!"

아버지가 우람이의 머리를 쓰다듬으며 말씀하셨어. 부엌에서 설거지를 하던 엄마는 나를 한번 슬쩍 보며 말했어.

"세미도 차분하게 발표 잘하던데!"

엄마의 말에 그제야 아빠가 나를 쳐다보며 말했어.

"우리 세미야 언제나 잘하지."

하지만 나는 아빠가 내 영상을 보지 않으셨다는 걸 알고 있어. 아빠는 아까부터 우람이 것만 봤으니까 말이야. 설거지를 마친 엄마가 딸기를 들고 거실로 나왔어.

"그날 출장 조절하느라 엄청 힘들었어. 다음엔 당신이 좀 가."

엄마는 포크로 딸기를 찍어 나에게 건네면서 말했어.

"에이그. 엄마가 돼서 그런 게 힘들다고 하면 어쩌냐?"

아빠도 포크로 딸기를 찍으면서 말했어. 나는 아빠의 말에 너무 깜짝 놀랐어. 게다가 아빠의 목소리는 정말 태연하게 들렸거든. 그래서 더욱 '그럼 아빠는?' 하는 생각이 머릿속에서 불쑥 올라왔어. 엄마가 아무 말도 안 하고 있으니까 아빠는 분위기가 어색했는지 리모컨으로 텔레비전을 켰어. 왁자지껄하게 웃고 떠드는 예능 프로그램을 보는 엄마의 표정이 어쩐지 점점 더 어둡게 변하는 것처럼 보였어. 나는 엄마와 아빠의 눈치를 보고 있는데 우람이는 뭐가 재밌는지 깔깔 웃기만 해. 한참을 웃던 우람이가 아빠를 바라보며 말했어.

"이번엔 엄마가 왔으니까 다음엔 아빠가 오면 되겠다! 우리 반에도 아빠 온 애들 몇 명 있던데. 그치?"

"뭐?"

우람이의 질문에 아빠가 놀란 듯 말했어.

"다음엔 아빠가 공개 수업 오시라고요!"

우람이의 말에 엄마와 나는 눈을 마주치며 '픽!' 하고 웃고 말았어.

우린 같이 사는 거야!

웬일인지 아빠가 엄마와 함께 설거지를 시작했어.

수세미에 세제를 묻히고 달그락거리며 그릇을 닦던 아빠가 말했어.

"나처럼 자상한 남편 없을 거야. 이렇게 자주 설거지해 주는 사람이 흔하지 않아."

나는 아빠의 말을 들으며 생각했어. 아빠보다는 엄마가 더 자주 한다고 말이야. 그래서 이렇게 말했지.

"아빠보다 엄마가 훨씬 많이 하시는 거 같은데요?"

내 말에 엄마는 아빠를 한번 흘깃 보더니 나를 보고 씽긋 웃으며 말했어.

"우아, 우리 딸 엄마가 고생하는 것도 알아주고 고맙네!"

"세미야, 그래도 조선 시대 같았어 봐. 남자가 부엌이 어디라고……."

아빠가 엄마에게 닦은 그릇을 넘겨주며 말했어.

"크크. 알겠어. 그런데 다음에도 이렇게 설거지 같이하자! 우리 같이 사는

거잖아!"

 엄마가 아빠에게 말했어. 나는 엄마와 아빠가 함께 설거지를 하는 모습을 보며 며칠 전 꾼 꿈이 생각났어. 조선 시대의 아버지들이 가정 일에 무심하기만 하진 않았을지도 모르는데 우리가 잘못 알고 있는 것은 아닐까.

엄마, 아빠가 해야 할 일은 언제부터 정해졌을까?

학교 공개 수업엔 아빠와 엄마 중 누가 가는 게 맞을까? 누구든 상관없다는 게 정답이야. 왜냐하면 엄마나 아빠 모두 부모로서 관심과 역할을 나눌 필요가 있기 때문이지. 엄마 아빠가 해야 할 일은 따로 정해진 게 없어. 하지만 대체로 학교 공개 수업이나 교통 지도와 같이 육아와 관련된 일은 주로 엄마, 여성이 하는 경우가 많아.

많은 인류학자들은 인류가 약 12,000년 전에 농업 생활을 하게 되면서 남성 중심의 부계 사회가 정착되었다고 말해. 남성 중심의 사회가 시작되면서 성별에 따라 역할이 다르다는 생각이 오랫동안 굳어져 왔어. 남성이 여성보다 힘이 세기 때문에, 혹은 남녀의 서로 다른 생존 전략에 따른 유전학적 차이 때문이라고 하지. 하지만 그 어떤 이론도 남녀의 역할이 나뉜 데에 명확한 증거를 제시하진 못했어. 그러니까 여전히 아무도 모르는 문제인 셈이야.

남녀의 역할은 최근 굉장히 급속한 속도로 변화해 왔어. 20세기 초만 해도 여성이 교육을 받거나 자기만의 일을 가지는 모습을 상상하기 힘들었지만, 최근은 그 반대를 상상하는 것이 더 힘들어졌잖아? 이렇듯 남녀 역할에 대한 고정관념은 남성 중심의 사회가 유지되어 온 기간에 비해 빠르게 변화하고 있는 중이야.

여성이 중심이 되는 사회는 없을까?

남성이 중심이 되는 사회 혹은 가정을 일컬어 '가부장제'라고 이야기해. 그럼 그 반대의 경우인 '가모장제'는 지구상에 없을까? 중국 윈난성과 쓰촨성 경계 지역의 고산 지대에 사는 소수 민족인 모쒀족은 알려져 있는 한 지구에 남은 마지막 가모장제 사회야. 이들은 지금까지 여성이 중심이 되는 모계 사회의 풍습을 유지하고 있어. 가장의 역할을 하는 여성을 '다부'라고 부르고 아이는 엄마의 성을 따르며 재산은 맏딸에

모쒀족 여성.

게 상속된대. 모쒀족은 다부를 중심으로 할머니와 할머니의 형제자매들, 할머니의 자녀들, 그리고 외손자들이 대가족을 이루어 살아가고 있어.

아이를 돌보던 남자들

김홍도의 〈평안감사향연도〉는 새로 부임하는 평안 관찰사를 환영하는 장면을 그린 그림이야. 관찰사를 맞이하러 나온 사람들을 보면 아이의 손을 잡은 할아버지나 아버지의 모습을 발견할 수 있어.

또 오늘날까지 전해지는 가장 오래된 육아일기인 『양아록』은 조선 중기의 학자인 이문건이 쓴 책이야. 이문건에게는 어렵게 얻은 손자가 있었는데, 대를 이을 남자아이가 태어난 게 너무 기뻐 손자 키우는 일을 기록으로 남겼지. 책을 보면 손자가 아플 때 직접 미음을 끓여 먹이고 아이가 다쳤을 때 곁을 지키고 보살피는 할아버지의 모습을 볼 수 있어.

〈평안감사향연도〉(전 김홍도)의 일부. 아이를 업고 있는 남성이나 아이와 함께 온 할아버지의 모습을 통해 조선 시대에 남성이 자녀 양육에 일정 부분 참여했음을 알 수 있다.

『열하일기』와 『양반전』의 작가인 박지원도 아이들에게 편지를 적어 마음을 전했어. 직접 고추장을 담가 보내며 아직 익지 않았으니 조금 익혀 먹으라는 당부도 잊지 않아. 아이를 돌보고, 미음을 끓이고, 고추장을 담는 사대부의 모습에서 조선 시대 남성도 자녀 양육에 어느 정도 함께했음을 알 수 있어.

조선의 유교 문화

하지만 아이를 돌보던 사대부의 모습에도 여전히 한계는 있어. 아버지가 돌보던 대상은 어디까지나 대를 이를 아들에게 좀 더 집중되었으니까 말이야. 이런 배경에는 조선의 유교 문화가 영향을 미쳤어. 유교는 중국에서 생겨난 사상으로, 나라를 다스리는 데 필요한 질서와 사람이 지켜야 할 도리를 강조하였는데 〈삼강오륜〉이 대표적인 덕목이야.

'삼강'은 신하는 임금을, 아내는 남편을, 아들은 아버지를 섬겨야 한다는 세 가지 도리를 의미해. '오륜'은 신하와 임금, 아버지와 아들, 남편과 아내, 친구 사이, 나이에 따른 예의를 강조하지. 이러한 덕목을 지침으로 삼다 보니 조선 시대에는 남성과 여성의 역할이 구분되고 아버지와 남편의 역할이 강조되는 측면이 있었어.

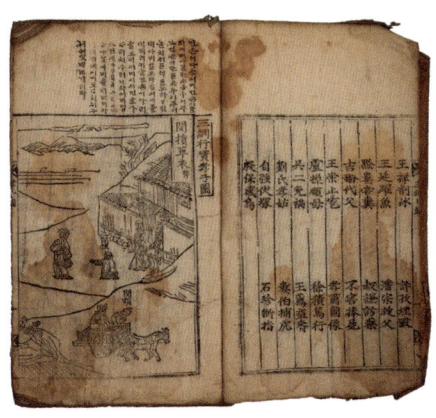

『삼강행실도』를 한글로 풀어 쓴 언해본. 『삼강행실도』는 유교의 도리인 삼강에 모범이 될 만한 충신, 열녀, 효자 등의 이야기를 모아 펴낸 책이다.

현모양처가 아닌 예술가로!

안녕. 내 호는 사임당, 성은 신씨야. 1504년 강릉에서 태어나 어린 시절 대부분을 그곳에서 보냈어. 강릉은 어머니의 집, 그러니까 외갓집이 있는 곳이었는데 내가 어릴 때만 해도 여자가 결혼하여 친정에서 생활하는 것은 하나도 이상한 일이 아니었어. 나 역시도 결혼 이후에 19년이나 친정에서 살았어. 흔히들 조선을 남성 중심의 사회라고만 기억하는데 고려를 거쳐 조선 중기까지만 해도 결혼을 통한 가족 문화에서 여성도 중심이 될 수 있었어.

나는 열아홉에 이원수라는 사내와 결혼하여 일곱 명의 자녀를 두었어. 그중에는 조선 중기를 대표하는 학자로 알려진 율곡 이이도 있어. 하지만 나는 율곡 이이의 어머니이기 이전에 화가였고 시인이었어. 어릴 때부터 그림을 즐겨 그리고 글에도 능하다는 평가를 많이 받았지. 특히 그림으로는 곤충, 꽃, 식물을 주로 그렸는데 아마 너희도 본 적이 있을 거야! 하지만 이상하게도 사람들은 나를 화가나 시인이 아닌 현모양처로 더 많이 이야기하곤 해. 현모양처 하면 신사임당, 뭐 이런 식이더라고. 현모양처는 현명한 어머니와 착한 아내라는 뜻인데 내가 살던 시대만 하더라도 현모와 양처라는 말이 함께 쓰이지 않았어.

나에게 뜻하지 않은 이름이 붙은 시기는 일본이 우리나라를 침략했을 때야. 한창 전쟁 중이었던 일본은 우리나라의 청년들을 총알받이로 삼았어. 친일파였던 소설가 이광수와 유명한 이야기꾼이었던 신정언은 나를 부끄럽게 만드는 기사를 신문에 실었어.

"신사임당 같은 따님을 낳아 군국의 어머니로서 받치고 (……) 아들을 낳아 황국의 방패로 바치기를 축(祝)하는 바입니다."

조선인들을 전쟁터로 보내는 징병제를 언급하면서 나를 '군국의 어머니'로 부르다니, 정말 이게 말이 되니? 심지어 조선 총독이었던 고이소 구니아키는 "조선의 여성들이여! 사임당을 본받으라!"고 하며 내가 훌륭한 여성의 본보기라도 되는 듯 말했어. 하지만 이것은 칭찬이 아니라 전쟁을 잘할 수 있게 돕는 여성으로 나를 이용한 것일 뿐이야. 그러니까 내 이름보다도 더 많이 알려진 현모양처라는 말은 좋은 의미가 아닌 거야.

또 현모양처의 역할이 '집 안'으로 한정된 것은 일제 강점기 이후라고 할 수 있어. 1960년대에 공업이 발전하면서 많은 남자들은 공장에서 일을 하게 돼. 그러면서 남자는 일터에서 일을 하고 여자들은 집안일을 돌보는 것이 당연하게 여겨졌어. 나는 이 시기부터 각종 교과서와 광고에 등장하면서 아들을 훌륭하게 키운 엄마로, 집안일을 살뜰하게 꾸린 여자로 이름을 날리게 돼. 그러면서 많은 여자들이 아이를 잘 키우고 남편이 밖에서 일을 잘할 수 있게 돕는 게 여성의 일인 것처럼 생각하게 하는 현모양처 이미지가 만들어진 거야.

얘들아, 여자든 남자든 집 안의 일과 집 밖의 일을 할 수 있는 자격이 구분되어 있는 것이 아니야. 그러니까 여자로서 엄마의 역할이 따로 있는 게 아니라 아이를 돌봐야 하는 부모로서 공동의 역할이 있을 뿐임을 알아주었으면 해. 가족을 이룬다는 건 성별로 할 일을 나누는 게 아니라 함께 생활을 꾸려 나가야 하는 것임을 잊지 않길 바라.

화가로, 시인으로 불리고픈
신사임당이

"우리가 다른 사람의 모카신을 신고 1마일 이상 걸을 때까지 그 사람을 판단하지 않게 해 주소서."

―아메리카 원주민의 기도문

경험하지 않은 일을 이해하기란 참 어렵습니다. 왜냐하면 사람은 나름대로 자기 기준을 가지게 되고 그것이 마치 진리인 것처럼 믿으며 살기 쉽거든요. 그래서 아메리카 원주민들도 기도하지 않았을까요? 하루하루 자신의 마음을 돌아보고 또 다짐하는 기도 말이에요. 누군가를 차별하지 않으려는 마음에도 이렇게 연습이 필요하답니다.

남자와 여자

차별

편견이나 차별이 나쁘다는 건 누구나 알고 있어요. 그럼 우리는 모든 사람과 모든 일에 공정한 마음을 가지고 있을까요? 안타깝게도 우리 주변에는 나이, 피부색, 성별, 사는 곳, 생김새 등등 다른 것을 틀린 것으로 만드는 경우가 아주 많답니다. 그러니까 '나는 차별하지 않아! 공정해!'라고 말하기 전에 각자의 마음을 먼저 살펴보도록 해요!

이상한 하루

"아싸! 오늘 점심에 스파게티 나온다!"

급식 메뉴를 줄줄 꿰고 있는 시원이가 아침부터 몇 번이나 이야기를 했는지 몰라. 우리 학교 스파게티는 웬만한 식당에서 사 먹는 거보다 훨씬 맛있거든. 바게트도 같이 나오는데 고소하고 달콤한 맛이 생각만으로도 침을 고이게 하지. 드디어 점심시간이 되었어. 급식실로 달려가기 바로 직전 선생님께서 이렇게 말씀하셨어.

"오늘 급식은 여학생들 먼저 먹을 거예요."

"네?"

"왜요?"

"그런 게 어딨어요?"

남자애들은 기분 나쁘다는 듯 투덜거렸지만 여자애들에게 자리를 비켜 주었어.

점심을 먹고 운동장으로 나오면서 나와 지원이는 선생님의 갑작스러운 태도가 이상하다고 생각했어.

"오늘따라 선생님 왜 그러시지?"

지원이가 물었어.

"그러게. 오늘 좀 이상하셨어. 갑자기 여자애들부터 먹으라니. 원래 우리 반 급식 순서가 있는데 말이야."

점심을 먹고 운동장에서 놀다 보니 어느새 종이 울렸어. 우리 반은 체육 시간이야. 체육복으로 갈아입고 나오

니 선생님께서는 커다란 통과 공을 들고 오셨어.

"자, 오늘 체육 시간에는 공 나르기를 할 거예요! 여기 큰 통 보이지요? 정해진 시간 안에 가장 많이 채우는 팀이 이기는 거예요."

"네!"

선생님은 말을 마치자마자 남자와 여자를 골고루 섞어서 우리를 네 팀으로 나눴어.

"A팀, B팀 출발!"

선생님의 신호에 따라 각 팀원들은 커다란 바구니에 담긴 공을 열심히 날랐어.

"이겨라! 이겨라! 아무 팀이나 이겨라!"

친구들의 목소리가 점점 커졌어. 최종 승리는 A팀이 했어. 한바탕 소리를 지르고 달리기를 했더니 기분도 좋아지고 몸도 가벼워진 느낌이었어. 공을 다 정리하고 나니 선생님이 커다란 봉지 하나를 들고 오셨어. 그 안에는 알록달록한 포장지의 아이스크림들이 한가득 담겨 있었지. 선생님이 우리에게 아이스크림을 하나씩 먹으라고 하시는 거야!

그런데 바로 그 순간부터 뭔가 잘못되었다는 생각을 지울 수가 없었어. 왜냐하면 선생님이 남자아이들에겐 비싼 아이스크림콘을 주시고 여자아이들에겐 아이스바를 주셨거든. 처음엔 우승한 팀에게만 아이스크림콘을 주셨나 했는데 가만 보니 그렇지 않은 거야. 주영이가 초코콘을 잡자 선생님이 말씀하셨어.

"콘은 남자애들만 먹을 거예요."

"선생님! 그건 너무 심하잖아요! 저희도 똑같이 열심히 했는걸요."

여자애들의 목소리가 웅웅거렸어. 하지만 선생님은 아무렇지도 않은 표정이었어. 그때였어.

"그럼 나 안 먹을 거야!"

"기분 나빠."

여기저기서 투덜대는 소리가 들리기 시작했어. 몇몇 남자애들은 여자애들과 선생님을 번갈아 보며 이대로 먹어도 되는지 고민했고, 눈치 없는 또 몇몇은 '그거 안 먹을 거면 나 줘!' 하는 식이었지. 하지만 왜 아무도 남자애들이 아이스크림콘을 먹고 여자애들이 아이스바를 먹어야 하는지 설명해 주지 않았어.

선생님의 이상한 보상으로 기분이 상한 우리는 나머지 수업 시간 내내 뾰로통해 있을 수밖에 없었어. 여자애들 대부분은 고개를 숙이거나 딴 곳을 보며 선생님과 눈도 마주치지 않으려고 했어. 선생님은 우리들을 바라보며 이야기를 시작하셨어.

"자, 오늘 급식 시간과 체육 시간에 기분이 어땠는지 말해 볼래요?"

갑자기 교실 안은 조용해졌어. 이상한 행동으로 우리를 당황하게 만든 분은 선생님인데 우리보고 기분을 말해 보라니!

"기분이 나빴습니다."

시원이가 말했어.

"먹으면서도 불안했습니다."

지후가 말을 이어 갔어.

"앞으로는 차별하지 않으셨으면 좋겠어요!"

주영이의 말까지 끝나자 선생님은 오늘 우리가 배울 내용이 바로 '차별'이라고 하셨어. 그리고 아프리카 최초의 여성 노벨 평화상 수상자이자 환경 운동가인 왕가리 마타이가 대학 교수가 되어 겪은 성차별을 이야기해 주셨어.

차별에 맞선 왕가리 마타이

"왜 우리가 후배 남자 교수보다 임금이 적은 거죠?"

아프리카 나이로비 대학의 수의학 교수였던 왕가리 마타이는 동료 교수인 음바야에게 의문을 제기했어. 당시 나이로비 대학에서는 남자 교수들에게 월급뿐만 아니라 집과 자녀 교육비를 주었고, 휴가 때에도 월급을 지급했거든.

"맞아요. 우리가 그들과 동일한 일을 하는 데도 같은 대우를 받을 수 없다니 이해가 되지 않아요. 우리 이 일을 학교에 따져 봅시다."

왕가리 마타이와 음바야는 학교에 물었어.

"왜 우리들은 집을 제공받을 수 없는 거죠?"

"당신들은 결혼한 여성이잖소? 남편이 있는 여성은 집이 필요 없어요. 결혼을 안 했다거나 남편이 죽었다면 모를까 말이오!"

결국 결혼한 여성은 남편이 다른 직장에서 혜택을 받고 있으므로 남자들과 같은 대우를 받을 필요가 없다는 대답이었어.

"이 문제를 그냥 둘 거예요?"

왕가리는 음바야에게 물었지.

"아니, 이 문제를 해결해야 해요. 동일하게 일했으면 동일한 대우를 받는 게 당연한 거죠."

음바야가 대답했어.

"아마 다른 여자 교수나 직원 들도 도움을 줄 거예요!"

하지만 왕가리의 기대와 달리 여성 교직원들은 그녀의 말에 귀 기울여 주지 않았어.

"당신들과 함께하다 지금의 일자리마저 잃으면 어떻게 해요? 당신들은 다

른 일자리를 구할 수 있겠지만 우리는 아니라고요!"

그 탓에 왕가리와 음바야는 다른 사람들은 아무도 말하지 않는 문제들을 들쑤시고 다니는 교수들로 찍혔어. 하지만 그 덕분에 임금 제도가 개선되어 여성 교직원들이 권리를 찾을 수 있었지.

왕가리는 여기에서 만족하지 않고 케냐 여성들이 겪는 불평등과 빈곤 문제를 해결하기 위해 애썼어. 그 결과 왕가리는 아프리카 최초의 여성 노벨 평화상 수상자가 되었지. 하지만 그녀가 의미 있는 성과를 거두었다고 해서 아프리카에서, 우리가 살고 있는 이 땅에서 불평등이 모두 사라진 건 아니야. 여전히 차별은 크고 작은 모습으로 우리 주변에 존재해. 때로는 찾으려고 애쓰지 않으면 보이지 않을 만큼 당연한 모습으로도 말이야.

선생님께서는 왕가리 마타이 이야기를 다 마치고 우리의 눈을 하나하나 마주치며 말했어.

"얘들아, 오늘 선생님이 조금 이상해 보였지?"

우리는 선생님의 물음에 선뜻 대답하지 못하고 조용히 선생님을 바라보았어.

"선생님이 오늘 급식 시간과 체육 시간에 너희들 마음을 아프게 했잖아. 정말 미안해. 하지만 선생님은 너희들이 경험으로 차별을 이해했으면 했거든. 너희들이 속상해하는 모습을 보니 선생님도 마음이 많이 아팠어. 앞으로는 오늘 같은 일 없도록 약속할게요. 알았죠?"

선생님의 따뜻한 목소리가 교실에 퍼졌어. 그제야 우리 선생님이 돌아온

듯해서 마음이 안심되었어. 굳어 있던 아이들의 입가도 조금씩 부드러워졌고 말이야. 선생님도 우리들의 표정을 보고 마음을 놓으시는 거 같았어. 선생님이 다시 물으셨어.

"힘든 시간이었지만 오늘 수업을 정리해 볼까요? 여러분이 오늘 받은 차별과 왕가리 마타이가 겪은 차별의 공통점은 뭘까요?"

"여자냐, 남자냐 하는 차이 같아요!"

지민이가 대답했어.

"정답!"

선생님이 싱긋 웃으며 외쳐 주셨어. 그러고는 다시 질문을 이어 나갔어.

"자, 그럼 단지 여자거나 남자라는 이유로 같은 일을 하고 차별을 받으면 될까요?"

"안 돼요!"

아주아주 당연한 대답이어서 나도 모르게 큰 소리로 답했어. 아이들도 마찬가지였는지, "안 돼요!"라고 우렁차게 대답했어.

"자, 그럼 왜 성별로 차별하면 안 되는지 이야기해 볼까요?"

선생님의 질문이 다시 시작되었어.

"모두 사람이니까요!"

태민이의 목소리였어.

"그래요! 모두 똑같은 사람이기 때문이에요. 하지만 생각보다 성별에 따른 차별들은 많이 존재한답니다. 같은 일을 하고 받는 월급뿐 아니라 취업이나 승진에서도 남녀 간의 차별이 존재하죠. 얼마 전에는 한 은행에서 여성 지원자의 점수가 더 높았음에도 남성 지원자를 선발하여 적발된 적도 있답니다. 자, 그런데 여러분, 성별 말고 또 차별의 기준이 되는 것에는 무엇이 있을까요?"

선생님의 질문이 끝나자마자 서로 차별받았던 경험들을 쏟아 내기 시작했어.

"공부를 잘하나, 못하나!"

"키가 크나, 작나!"

"장애가 있는가, 없는가!"

"돈이 많은가, 적은가!"

그 와중에 누군가는 또 이렇게 외쳤어.

"많이 먹냐, 못 먹냐!"

교실은 까르르 웃음바다가 되었어. 하지만 생각해 보면, 친구들의 이야기 모두 누군가를 차별할 이유는 전혀 되지 않아. 우리도 아는 이 상식적인 일들을 왜 어른이 되면 모두 잊어버리는 걸까?

'왕가리 마타이'에 대해 좀 더 알아볼까?

왕가리 마타이는 1940년 케냐의 작은 시골 마을에서 태어났어. 그녀는 가부장적 질서가 강한 키쿠유 부족에서 태어났지만 어머니의 도움으로 학교 교육을 받을 수 있었어. 여자는 당연히 학교에 가지 않는다는 생각을 가지고 있던 부족에서 왕가리를 학교에 보낸 것은 오직 어머니의 결정이었지. 이처럼 당시 케냐에서 여성의 배움은 매우 극소수에게만 허락되었던 특별한 혜택이었어. 왕가리는 자신에게 주어진 기회에 감사하며 노력한 결과 장학생으로 선발되어 미국으로 유학까지 갈 수 있었어. 이후에는 나이로비 대학의 수의학과 교수가 되었지. 그녀는 황폐해져 가는 케냐의 숲과 스스로 살아갈 힘이 없는 가난하고 배우지 못한 여성에도 관심을 가졌어. 1997년 시작된 '그린벨트 운동'은 케냐의 숲과 가난한 사람들, 특히 가난한 여성들

을 도울 수 있는 방법을 찾던 왕가리 마타이가 시작한 운동이야. 남성들에게만 의존해야 하는 케냐 여성의 삶은 때때로 폭력과 가난에 시달려야 했거든. 왕가리는 여성들에게 나무를 심고 기르는 법을 가르치고 그녀들이 길러 낸 묘목을 구매하는 방식으로 여성이 자립할 수 있도록 도왔어. 환경을 보호하면서 동시에 여성들 스스

아프리카계를 위한 인권 단체 NAACP에서 주최한 시상식에 참석한 왕가리 마타이.

로도 무엇인가 할 수 있는 삶을 살도록 하는 것, 그것이 바로 왕가리 마타이의 바람이었던 거야.

편견과 차별은 무엇일까?

편견은 공정하지 못하고 한쪽으로 치우친 의견이나 생각을, 차별은 어떤 기준을 두어 대상을 구별하고 다르게 대우하는 것을 의미해. 편견은 차별로 이어져서 사람들 사이에 갈등을 만들고 우리 사회가 발전하기 어렵게 만들어. 그렇기 때문에 서로 다른 생각과 문화를 존중하는 태도가 필요하고 무엇보다도 상대방의 입장에서 생각해 보는 자세가 중요하단다.

일상생활에서 나타나는 편견과 차별

우리나라에서 일하는 외국인은 200만 명 정도야. 100명 중 4명 정도는 외국인인 셈이야. 한국에서 살아가는 외국인이 증가하면서 한국인과 외국인이 결혼하여 이룬 다문화 가정도 자연스럽게 늘게 되었지. 그 결과 2020년 현재에는 어린이 10명 중 2명이 다문화 가정의 자녀일 거라고 해. 결코 적지 않은 숫자임에도 불구하고 '혼혈'이라고 놀림받는 일들이 여전히 존재해. 이는 다문화 가정 친구들의 피부색과 언어 등이 우리와 다르다는 이유로 차별했기 때문에 나타나는 태도야.

'2017년 미국『타임』지에서 선정한 세계에서 가장 영향력 있는 10대 30인'에 뽑힌 모델 한현민도 나이지리아 아버지와 한국인 어머니 사이에서 태어났어. 그 역시도 어린 시절에 피부색으로 인한 놀림을 받은 적이 있고 다문화 가정에 대한 차별이 사라졌으면 좋겠다고 밝혔지. 단지 생김새 때문에 외국어를 잘할 것이라는 사람들의 편견과 달리 그는 한국어만 할 줄 안다고 밝히기도 했어. 그러니까 피부색이나 생김새 등으로 어떤 사람을 성급하게 판단해서는 안 돼!

그 밖에도 장애를 놀림의 대상으로 삼는 일도 종종 발견할 수 있어. '병신', '애자' 와 같이 장애를 욕설로 사용하는 일은 아주 나쁜 경우야. 어쩌면 스스로는 특별히 누군가를 차별하고 있지 않다고 생각할지도 몰라. 하지만 비장애인이 아무렇지도 않게 이용하는 공간을 장애인은 쉽게 갈 수 없다는 점, 비장애인이 즐기는 대부분의 문화를 장애인은 쉽게 접할 수 없다는 것도 장애인에 대한 차별이 될 수 있음을 기억해 주었으면 해.

비장애인이 보는 영화 화면(왼쪽)과 배리어프리 영화 화면(오른쪽)
'배리어프리'는 '장벽(배리어, barrier)'이 '없다(프리, free)'는 뜻이다. 배리어프리 영화는 장애인도 영화를 감상할 수 있게 화면을 음성으로 해설하고 음악, 소리, 화자와 대사를 알려 주는 자막을 넣는다.

차별을 뛰어넘을 거야

안녕! 나는 넬리 블라이야. 『뉴욕 월드』라는 신문사 기자이기도 했어. 나는 뉴욕의 한 정신 병원에 몰래 들어가 그곳에서 일어난 끔찍한 일들을 보도해 유명해졌어. 또 세계 일주를 하기도 했지. 그것도 단 72일 만에 말이야. 내가 세계 일주를 하겠다고 했을 때 남자들 중에는 여자 혼자 여행하는 일을 허락할 수 없다고 반대하는 사람들도 있었어. 신문 기자였던 여성조차도 여행은 남자들의 '허락'을 받아야 하는 시대였지.

내가 처음부터 기자가 되려고 했던 건 아니야. 하루는 어느 신문에 실린 「여자아이는 무슨 소용이 있는가?」라는 사설을 읽게 되었어. 여자는 쓸모가 없으니 육아와 살림, 남편 뒷바라지를 최우선으로 해야 한다는 내용이었지. 나는 너무 화가 나서 신문사에 반박하는 편지를 보냈어. 내 글을 읽은 편집장이 기자가 되지 않겠냐고 연락을 했어. 당시 여성 기자들은 주로 패션이나 정원 가꾸기와 같은 글을 썼는데 나는 여성 노동자의 어려움을 취재하고 탐사나 잠입 등 주로 당시 남성 기자들의 영역이었던 분야에 도전했어. 제1차 세계 대전 당시 동부 전선을 취재한 기자로 여성은 내가 유일했을 정도야.

나는 '단지 여성이기 때문에 안 된다'는 편견에 맞서 평생을 싸워 왔어. 여성에게 참정권조차 주어지지 않았던 미국에서 여성이기 때문에 겪는 차별과 고통을 글로 쓴 거야.

지금은 내가 살던 시절과 많이 달라졌을 거라고 믿어. 하지만 성별, 가난, 종교, 인종 등 여러 가지 이유로 편견과 차별은 존재할 거야. 그런데 말이야, 누군가를 바라볼 때 중요한 것은 성별이나 피부색이 아니라 상대가 어떤 말을 하고 어떤 행동을 하는지가 아닐까?

편견과 차별에 맞서고 싶은
넬리 블라이

"내가 여자인지 아니면 운동선수인지 묻는 질문을
종종 받곤 한다. 부조리한 질문이다.
남자들에게는 그런 질문들을 안 하지 않는가."

−빌리 진 킹
(1943~ , 메이저 통산 39회 우승 기록을 남긴 미국의 테니스 선수)

1970년대 당시 사람들은 여자가 남자보다 테니스에 열등하다고 믿었어요. 그래서 남자 대회의 상금이 여자 대회보다 8배나 높았다고 해요. 오늘날에는 4대 메이저 테니스 대회에서 남녀가 동일한 우승 상금을 받고 있답니다.

핑크는 이제 그만!

이분법적 사고

영웅이 나오는 영화들을 본 적이 있을 거예요. 그런 영화들에는 으레 악당이 나오고 영웅은 악당으로부터 인류를 구하죠. 이런 이야기들을 보면 세상은 선과 악, 두 가지로 구분되는 것 같지만 실은 이 세상에는 다채로운 사람들이 살고 있고 그만큼이나 다양한 생각들이 존재해요. 그런데 오랫동안 사람들은 남자와 여자, 이 두 성별로 여러 가지를 구분 지으려고 해 왔어요. 이 기준이 잘못된 것일 수도 있다는 생각, 같이 한번 해 보지 않을래요?

남매의 티셔츠

"엄마, 나 이제 핑크 안 입어!"

"응? 왜? 예쁜데…… 그리고 뭐 핑크투성이도 아니고, 조금 섞인 건데. 그냥 입어!"

"싫어! 여자라고 핑크, 핑크…… 검은색이나 회색으로 사다 줘!"

엄마가 새로 사 온 티셔츠는 분홍 바탕에 하얀색으로 무늬가 새겨져 있었어. 내 옷장에 가득한 '핑크핑크'한 옷들이 이제는 지겹기도 해서 그만 입고 싶은데 엄마는 자꾸만 분홍색이 섞인 옷들을 사다 주셔. 물론 차우람에겐 이번에도 파랑 아니면 녹색이 섞인 옷을 사다 주셨고 말이야. 엄마는 내 반응에 고개를 저으면서 이렇게 말씀하셨어.

"차세미! 까칠하기는, 그냥 사다 주는 대로 입으면 안 돼? 옷 고르는 게 얼마나 힘든 일인데? 그리고 여자애들 옷에 핑크 빼면 무슨 색이 남냐?"

"그럼 엄마는 왜 핑크 안 입는데?"

엄마의 말에 내가 물었어.

"그냥, 싫어서!"

엄마와 내 옆에서 장난감을 가지고 놀던 차우람이 그제야 툭 하고 끼어들며 물었어.

"왜? 엄마는 왜 싫은데?"

우람이의 질문에 엄마는 대수롭지 않게 말했어.

"왜냐고? 엄마는 핑크색 별로거든."

"피, 뭐야? 엄마도 싫은 걸 나한테 입으라는 거야?"

내가 엄마에게 말하자 차우람도 고개를 끄덕이며 자기도 실은 파랑이 싫다고 말하는 거야. 그러자 엄마는 화가 난 사람처럼 새로 사 온 옷들을 종이 가방에 넣으며 쌀쌀맞은 목소리로 말했어.

"알았어! 그럼 앞으로 자기 옷은 각자 골라!"

엄마의 달라진 목소리 때문인지 옆에 있던 우람이는 슬며시 파란 옷을 꺼내 들며 말했어.

"엄마, 난 그냥 이거 입을게."

하지만 난 정말 우람이처럼 말할 수가 없었어. 대신 분홍색 옷을 만지작거리며 말했어.

"엄마, 미안해. 근데 이 옷은 진짜 안 입을 거 같아!"

엄마는 크게 한숨을 푹 쉬더니 내 머리를 쓰다듬었어.

"이제 우리 딸, 다 컸나 보네."

엄마의 목소리가 한결 누그러진 것 같아 마음이 놓였지만 어쩐지 미안한 마음까지는 사라지지 않았어. 그래도 핑크는 이제 정말 싫은 걸, 어떻게 해!

남자가 핑크라고?

♬ 아기 상어 뚜루루뚜루, 귀여운 뚜루루뚜루, 바닷속 뚜루루뚜루, 아기 상어 ♬

내가 흥얼거리며 집 안을 돌아다니자, 할머니는 신기한 듯 무슨 노래냐며 물어보셨어. 나는 할머니에게 〈상어 가족〉 노래가 나오는 영상을 보여 드렸지. 할머니와 나는 한참을 '뚜루루뚜루'거리며 몸을 흔들었어. 그러다 갑자기 할머니가 아무런 말도 없이 화면을 뚫어지게 바라보다 말했어.

"에그! 난 녹색이 좋은데 할머니 상어는 주황이구나!"

"그게 뭐 어때서요?"

내가 물었어. 그러자 할머니가 노랑 아기 상어를 손가락으로 톡톡 치며 물으셨어.

"그럼 이 아기 상어는 왜 노란색일까?"

"글쎄요. 한 번도 생각 안 해 봤는데…… 할머니가 보기에는요?"

노랑은 아기들한테 쓰는 색깔이라고 당연하게만 생각했을 뿐이거든. 할머니는 가만히 나를 바라보다 고개를 흔드셨어.

"글쎄, 나도 그건 잘 모르겠다. 파랑은 아빠, 분홍은 엄마였지? 한 오륙백

년 전쯤에 이 노래가 나왔다면 색깔이 반대가 되었을 거야!"

나는 할머니의 말을 믿을 수가 없었어.

"네? 남자가 핑크라구요? 큭큭. 할머니 너무 이상해요!"

"이상하긴 뭐가 이상해. 고정 관념이 생겨서 그런 거지. 아주 예전엔 빨강은 남자들의 강인함을 상징하는 색이었어. 세상이 달라져서 빨강을 입은 남자들이 줄어들었을 뿐이지."

"에이! 설마요~."

"할머니 말을 못 믿는구나. 그럼 할머니랑 미술관에 한번 갈까?"

"미술관요? 거기는 왜요?"

"왜긴, 그림을 보면서 아주 예전 사람들을 살펴보려고 하는 거지."

누가 누가 왕자일까요?

"할머니, 저는 전시회 재미없어요! 조용히 그림을 보는 게 무슨 재미예요?"

할머니의 손에 이끌려 미술관에 가면서 내가 한 말이야. 할머니는 빙그레 웃기만 하시더니 고개를 끄덕이셨어.

"재미는 없을 수도 있지. 하지만 조용하진 않단다. 가만히 그림을 바라보면 그림 속 사람들이 네게 말을 걸어 줄 거야. 때론 아주 시끄럽고 또 때론 아주 슬픈 목소리를 들을 수도 있어. 그러니까 그림을 스쳐 지나가지 말고 가만히 기다려 봐."

나는 '세상에! 그게 말이 돼? 할머니 좀 이상한 거 아니야?'라고 생각했어. 그리고 아주 옛날옛날 사람들의 모습이 그려진 전시회장으로 들어갔어. 곧 내 생각이 틀렸다는 걸 알게 되었지. 왜냐고? 여기저기 그림 속에서 나를 부르는 소리가 들리기 시작했거든.

"세미야!"

목소리를 따라 그림 앞으로 다가갔더니 우아하게 입은 아주머니가 한 아이와 다정하게 앉아 있었어.

"아! 안녕하세요? 따님이 너무 귀여워요!"

내 얘기에 아주머니는 매우 당황하시며 손을 저었어.

"뭐? 딸이라고? 어딜 봐서 딸이라고 생각했지? 얘는 내 아들이란다."

내 눈엔 분명 원피스를 입고 있는 아이로 보이는데 그렇지 않다고 말하는 아주머니가 나는 이상했어.

"원피스를 입고 있잖아요! 농담이시죠?"

내가 다시 물었더니 그림 속 아주머니는 다시 고개를 흔들었어.

"원피스를 입어서 남자라고? 하하하! 아이들이 활동하기 편한 원피스를 입는 건 당연한 일 아니야?"

"아! 그럼 남자아이라는 의미로 파랑 띠를 하고 있는 건가요?"

아주머니는 내 물음을 이해하기 힘들다는 듯한 표정으로 자신이 루이 15세의 부인이고 이 아이가 루이 15세의 유일한 후계자인 도팽, 즉 왕세자라고 말해 주었어.

"아들이라고 강조하려면 오히려 빨강을 써야지. 강력한 힘을 가진 왕자로 보이게 말이야. 아직은 너무 어리기 때문에 순수하면서도 성스러운 혈통이라는 의미로 파랑을 사용했어. 여자들처럼 말이야."

"네? 여자들처럼 말이에요?"

아무래도 내 반응이 이상했는지 여왕님은 고개를 옆으로 돌리며 믿기지 않으면 나폴레옹을 만나고 오라고 했어. 그래서 나는 옆의 그림으로 걸음을 옮겼지.

이번엔 화려한 레이스 장식이 나풀나풀거리는 아저씨가 날 불렀어.

"세미야!"

그래, 생각났어. 나폴레옹! 내가 기억하는 나폴레옹 아저씨는 말을 타고 있는 모습이었는데 이번엔 왕좌에 앉아 있더라고.

"내가 드디어 왕이 되었어."

나폴레옹 아저씨는 붉은 망토에 황금빛 레이스가 달린 옷을 입고 있었어. 화려한 옷차림 말고도 내 눈을 사로잡은 게 하나 더 있었는데 그건 바로 목을 빙 두른 듯한 주름 레이스였어.

"그런데 그 목에 두른 건……."

내가 손가락으로 가리키며 물었어. 그러자 나폴레옹이 대답해 주었어.

"아, 이거? 이건 러플 칼라라는 거야. 화려하지? 정말 마음에 든다니까! 그리고 이 망토의 붉은색은 나의 힘이 얼마나 강한지를 보여 주지!"

정답은 없어!

"세미야!"

"할머니!"

"우리 세미, 미술관 구경 어땠는지 모르겠네!"

먼저 보고 싶은 작품이 있다면서 앞장섰던 할머니가 어느샌가 옆에 와 나의 등을 쓰다듬으셨어.

"할머니 말이 맞았어요! 정말 그림들이 말을 걸었어요!"

"그래? 무슨 말을 걸었는데?"

"음…… 지금 내가 알고 있는 것들이 정답은 아닐 수도 있다고요!"

"응? 그게 무슨 뜻이야!"

"미술관에 와 보니까요, 제가 생각한 색들이 전혀 다르게 쓰이고 있었어요. 그러니까 '빨강이나 분홍은 여자, 파랑이나 초록은 남자' 같은 인식처럼 고정된 생각들이 아주 옛날부터 정해져 내려온 건 아니라는 거예요!"

"그래, 어쩌면 우리가 '남자'와 '여자'로 구분 지은 것들이 당연하지 않을 수도 있다는 걸 이제 알겠니?"

나는 할머니의 손을 꼭 잡고 집으로 향했어. 핑크핑크한 옷을 입은 아빠와 우람이를 상상하며 말이야!

'여자는 분홍, 남자는 파랑'이라는 이유는 뭘까?

'여자는 분홍, 남자는 파랑'이라는 생각에는 남녀를 명확하게 구분하여 바라봐야 한다는 인식이 깔려 있어. 여자아이에게는 인형, 남자아이에게는 칼 선물을 주로 떠올리는 것도 비슷한 경우지. 이렇게 여자와 남자를 둘로 나누어 생각하는 이분법적 사고는 단지 성별을 구분 짓는 것 이상의 의미를 가지게 돼. 여자와 남자는 다르다는 생각, 그래서 여자와 남자의 역할도 다르다는 생각의 바탕이 되지.

흔히들 여자는 배려심이 많고 요리와 아이를 좋아하고 힘이 약하다고 생각하기도 해. 남자는 적극적이고 논리적이며 몸 움직이기를 좋아한다고 여기는 경우도 많지. 여기에도 남녀는 다르다는 인식이 깔려 있어.

이런 생각들은 여자 혹은 남자가 할 수 있거나 해야 하는 일들이 정해져 있다는 주장의 근거로 사용돼. '여자 혹은 남자에게 각각 어울리는 직업'이 정해져 있다거나, 여자 혹은 남자는 어떠어떠해야 한다고 규정하는 것 역시 남녀가 이분법적으로 다르다는 인식 때문이야. 하지만 생각해 봐! 사람은 성별을 떠나 '모두가 각각' 고유한 특징과 차이점이 있는 게 아닐까 하고 말이지.

왕들은 왜 빨간색 옷을 입을까?

79쪽에 있는 나폴레옹과 세종대왕 그림을 볼까? 붉은색과 황금빛으로 장식된 옷을 입고 있어. 역사를 보면 꽤 오랫동안 빨강은 남자 혹은 왕족을 상징하는 색이었어. 빨강의 강렬한 색감이 힘을 나타낸다고 생각했거든. 반면 파랑은 성스러운 색이라 하여 성모 마리아를 표현하는 데 사용하거나 귀족 여성의 드레스 색으로 많이 쓰였어.

하지만 세계 대전을 거치면서 남자의 색이었던 빨강은 변화를 겪게 돼. 남자들의

나폴레옹과 세종대왕.

군복에는 주로 빨강이 사용되었는데 이 때문에 적의 눈에 쉽게 띄었어. 이후 빨강은 군복에서 사라졌고 육군은 카키색, 해군은 파란색을 사용하기 시작했어. 주위 지형물과 비슷한 색을 입어 조금 더 잘 숨기 위해서였지.

그런데 바로 해군의 군복이 남자아이들 옷의 파란 줄무늬 무늬로 사용되면서 엄청난 인기를 얻게 돼. 바로 파랑이 남자의 색으로 바뀌게 된 순간이지. 또한 바비 인형처럼 여자 아이들 장난감에 사용된 분홍색이 인기를 끌면서 인형 이외의 여자아이들 용품에도 분홍색이 본격적으로 사용되기 시작했어. 그러니까 푸른색이 남자, 붉은색이 여자인 역사는 따지고 보면 채 100년도 되지 않은 셈인 거야.

그런데 말이야, 남자가 빨강이든 파랑이든 여자가 파랑이든 분홍이든, 남녀의 색이 따로 있다는 생각, 남자는 강인하고 여자는 연약하다는 생각은 달라지지 않은 것 같지 않아?

바꾸면 쓸모 있는 성평등 교과서

2018년 여성가족부에서는 '바꾸면 쓸모 있는 성평등 교과서'라는 이름의 국민 참여 공모를 진행한 적이 있어. 공모는 초·중·고등학교 교과서나 학습지, 유아용 교재와 같은 각종 교육 자료에서 찾은 성차별 표현과 이를 바꾼 표현을 제안하는 방식이었어.

제안 중에는 교과서에서 의사는 남자로, 간호사나 교사, 기상캐스터는 여자로 그려 놓은 부분을 수정했으면 좋겠다는 의견이 있었어. 만약 특정한 직업을 남자 혹은 여자로만 표현한 그림이나 글을 자주 접하다 보면 남녀에 따라 어울리는 일, 할 수

교과서 속 성차별	대안
• 로봇을 가지고 노는 남자아이들 삽화 • 인형을 가지고 노는 여자아이들 삽화	• 성별 구분 없이 다양한 장난감을 가지고 노는 삽화로 교체
• 아픈 아이의 보호자를 대부분 엄마로 표현	• 엄마 아빠 모두 보호자로 표현되도록 수정
• 남성은 태권도, 축구, 스키 같은 운동을 주로 함 • 여성은 무용 같은 운동을 주로 함	• 성별 구분 없이 다양한 운동을 하는 모습으로 수정
• 다른 가족은 앉아 있고 엄마만 저녁을 준비하는 모습	• 부모가 함께 저녁을 준비하고 아이들은 부모님을 도와 드리는 모습으로 그림과 말 수정
• 유아 교육 자료에서 토끼, 고양이 등 연약한 동물을 여성에 비유 • 사자나 호랑이 등 육식 동물을 남성에 비유	• 동물을 성별로 구분하지 않거나 여성도 육식 동물에 비유하는 내용 추가

있는 일이 정해져 있다는 편견이 생길 수 있으니까 말이야. 교과서 속의 의사가 모두 남자라면 사람들은 자기도 모르게 의사는 남자에게 어울리고, 간호사는 여자에게 어울리는 직업이라 생각하게 될 거야. 만약 남성과 여성을 둘로 나누고 할 수 있는 일마저 나눠 규정해 버리면 정말 하고 싶은 일이 있어도 도전하지 못하는 사람들이 많이 생길지도 몰라.

하지만 요즘은 남자 간호사, 남자 스튜어드, 남자 보건 교사, 남자 헤어 디자이너 등 과거에는 여자들의 직업이라 생각되던 일들에 종사하는 남자도 많아. 반대로 여자 의사, 여자 비행기 조종사, 여자 소방관 등도 있어. 교과서도 바뀌고 사람들의 생각도 바뀌면 정말 '쓸모 있게' 되는 건 남자든 여자든 하고 싶은 일을 할 수 있는 바로 우리들의 삶이 아닐까?

여성적, 남성적 말투라고?

나는 고등학교를 다니고 있는 은아라고 해. 얼마 전에 학교에서 김소월 시인의 「진달래꽃」이라는 시에 대해 배웠는데 의문이 생겨서 편지를 써. 아직 너희에겐 좀 낯설고 어려운 작품일 수도 있겠지만 고등학생이 되면 배우게 될 시이니까 조금 관심을 가지고 읽어 주길 바라. 시는 이렇게 시작해.

나 보기가 역겨워

가실 때에는

말없이 고이 보내 드리우리다

영변의 약산

진달래꽃

아름 따다 가실 길에 뿌리오리다

그런데 선생님께서 이렇게 말씀하시는 거야.

"이 작품은 여성의 목소리로 이야기하고 있어요. 공손한 표현으로 화자가 여성임을 알 수 있지요."

나는 선생님의 설명을 받아들이기 정말 어려웠어. 모두 당연하다는 듯 고개를 끄덕이고 필기를 했지만 공손한 표현이 여성의 목소리라는 게 이해되지 않았거든. 그런데 또 다른 작품에서는 단호한 표현이 남성적인 목소리라고 말씀하시는 거야. 그러니까 말을 하는 태도만으로 여성이나 남성을 구분하고 있다는 거지. 마치 여성은 공손해야 하고 남성은 단호해야 한다고 이야기하는 것 같아서 불편했어.

그러다가 한 동영상을 보게 되었어. '소녀처럼 뛰어 봐'라는 이야기를 들은 어른들과 소녀들의 차이를 보여 주는 동영상이었어. 어른들은 팔 동작도 크지 않고 사뿐사뿐 혹은 우스꽝스럽게 뛰었지만 정작 소녀들은 있는 힘껏 달렸어. 나는 이 동영상을 보면서 '뛰는' 행동에만 집중한 소녀들이야말로 정말 '소녀처럼' 뛰는 거라는 생각이 들었어.

그러니까 여성적 혹은 남성적 말투라는 구분 역시 잘못된 게 아닐까 싶어. 누가 말하느냐, 어떤 자세로 말하느냐만 있을 뿐이라고 말이지! 그래서 나도 나다운 말과 행동을 하려고 해. 그러니까 너희도 너희다운 생각과 말, 행동을 하기 바라. 우린 모두 세상에 하나밖에 없는 특별한 존재들이야. 여성, 남성, 학생, 아이, 어른 이렇게 집단으로만 규정해 버릴 수 없는 개별적인 존재들이잖아!

우리 모두 서로의 멋진 삶을 함께 응원하자!

- 문학을 배우다

은아가

"난 남자 옷을 입는 게 아니에요.
내 옷을 입는 거죠."

—메리 에드워즈 워커
(1832~1919, 미국 최초의 여성 외과의사)

19세기 유럽이나 미국에서 여자가 바지를 입는 것은 상상하기 힘든 일이었어요. 하지만 메리는 당당하게 말했어요. 자신이 입은 옷은 남자의 옷이 아니라 자신의 옷이라고 말이죠. 지금 여러분이 입고 있는 옷은 누구의 옷인가요?

다이어트를 왜 하는 걸까?

코르셋

"여자애처럼 생겼어", "남자애처럼 생겼어"라는 말을 들어 본 적이 있을 거예요. 이런 고정된 생각을 코르셋이라고 부르는데 성별이나 나이에 따라 생김새가 다 같지 않음을 알면서도 고정된 생각에서 벗어나기란 참 어렵답니다. 더구나 이런 코르셋은 생김새에만 국한되지 않아요. 말투나 행동, 옷차림, 성격, 직업이나 취미에 이르기까지 두루두루 영향을 미치거든요. "남자애가 그런 일로 울어?", "여자애가 왜 그러고 다니니?"라는 말, 여러분도 들어 보지 않았나요?

왜 그래야 해?

"선생님! 지후가 욕해요!"

"윤지후! 친구한테 욕하는 거 아니에요!"

선생님이 지후를 향해 엄한 목소리로 말씀하셨어. 그러자 억울하다는 듯 지후가 말했어.

"저 욕한 거 아닌데요!"

이때 승연이가 분하다는 듯 목소리를 한껏 크게 하며 소리쳤어.

"야! 나보고 무슨 여자애가 그렇게 많이 먹냐며!"

그런데 이상한 건 승연이의 말을 듣고 난 남자아이들의 반응이었어.

"에이! 욕 아니네. 사실이잖아!"

여기저기서 큭큭거리며 웃음을 참는 소리도 들렸지.

"샘! 많이 먹는데 여자, 남자가 어딨어요?"

웃음소리를 뚫고 들리는 승연이의 목소리에 선생님의 표정이 어두워졌어. 그러고는 지후에게 다가가 물으셨어.

"많이 먹는 게 왜 문제지요?"

지후는 머뭇거리며 말했어.

"살찌잖아요……."

"헐!"

지후의 말에 교실에 앉아 있던 여자애들은 어이가 없다는 듯 소리를 질렀지. 물론 나도 말이야.

선생님이 다시 지후에게 물으셨어.

"지후야! 살이 찌면 안 되는 거야?"

"네? 당연히 안 되는 거 아니에요? 특히 여자애들……요. 그런데 승연이도 저번에 '너처럼 안 먹으면 키 안 큰다'고 놀렸다고요!"

지후의 이야기가 끝나자, 선생님은 단호한 표정으로 말씀하셨어.

"많이 먹으면 살찐다, 여자는 살이 찌면 안 된다, 그런데 너는 많이 먹으니 살이 찐다……. 많이 안 먹으면 키가 안 큰다, 남자는 키가 작으면 안 된다, 그런데 너는 적게 먹으니 키가 안 큰다……."

선생님은 여기까지 말씀하시더니 교실에 앉아 있던 우리들을 바라보며 이렇게 물으셨지.

"그다음은 어떻게 되는 거지요?"

선생님의 물음에 손을 들고 대답하는 아이들은 없었어. 하지만 모두 답은 알고 있었어.

'애들이 놀린다. 아무도 뚱뚱한 사람을 좋아하지 않는다. 아무도 키 작은 남자애들을 안 좋아한다. 그래서 인기가 없어진다.'

선생님이 우리를 하나하나 보더니 칠판에 무엇인가를 적기 시작하셨어.

다이어트

그러고는 돌아서서 물으셨지.

"다이어트 해 본 사람 있나요?"

"네!"

물론 나 역시도 다이어트를 해 본 적이 있어. 아니, 어쩌면 늘 다이어트 중인지도 모르겠어. 나뿐 아니라 내 친구들도 마찬가지야. "살 빼야 하는데, 큰일이다", "살찌는데 어쩌지?", "요즘 나 좀 찐 거 같지 않아?" 하면서 마른 애들조차도 살에 대해 걱정해. 맛있는 음식 앞에서 종종 망설이고 먹고 나선 후회하고 다시 살을 빼겠다고 굶곤 하잖아. 선생님께서도 다이어트를 많이 해 보셨다고 하면서 이야기 하나를 들려주셨어.

충격! 다이어트

"마리아도 이걸로 살을 뺐대!"

엠마와 안나는 오늘도 다이어트에 대한 이야기를 하고 있어.

"정말? 그래도 너무 징그러운 거 아니야?"

"뭐가 징그러워. 내 눈엔 보이지도 않고 나중에 약 먹으면 다 죽는 건데."

엠마가 말하며 광고지 한 장을 안나에게 주었어. 안나는 엠마가 준 광고지를 보고 두 눈 사이를 찡그리며 말했어.

"아! 징그러운데…… 그래도 정말 효과가 있기는 하겠지? 여기도 원하는 몸무게가 되면 구충제를 먹으면 된다고 적혀 있기는 하네."

"그렇다니까. 촌충이 몸 안에 있으면 아무리 먹어도 살이 안 찐대. 오히려 빠진다잖아. 왜 있잖아. 오페라 가수…… 아! 마리아 칼라스도 이렇게 해서 40킬로그램이나 뺐대! 우리도 한번 사 볼까?"

엠마의 말에 안나는 고개를 갸웃하면서도 촌충 알이 든 약을 사 보기로 했어. 날씬한 몸매를 위해서 말이지.

한 달 정도가 지났을까? 엠마와 안나는 정말 몰라보게 살이 빠졌어. 아무리 먹어도 배가 부르지 않았지. 머리와 배가 늘 아파서 고통스러웠지만 살이 빠지는 과정이라고 생각했어. 걱정이 된 안나는 엠마에게 물었어.

"너도 머리 많이 아프니? 난 그 약을 먹고 난 뒤로 제대로 자 본 적이 없어!"

"응, 나도 그래. 하지만 어쩔 수 없지."

"그래도 걱정되는데, 엠마! 우리 이제 그만 구충제를 먹을까?"
"아니, 조금만 조금만 더 빼고……."

선생님은 다이어트의 다양한 방법 중에 1930년대 미국에서 유행했던 촌충 다이어트를 이야기해 주셨어. 아름다움을 향한 사람들의 강한 바람이 결국 촌충 알까지 먹게 했다는 거야. 몸 안에 기생충을 길러서 영양분을 빼앗게 한 뒤 구충제를 먹어서 죽인다는 거지. 그럴듯한 이야기에 엄청나게 인기가 있었던 다이어트 방법이었대. 실제로 촌충 알을 알약으로 만들어 판매했고 광고도 했었대. 마리아 칼라스라는 유명한 오페라 가수가 이 방법으로 90킬로그램대에서 50킬로그램대로 살을 뺐다는 소문이 돌아 더 유행했지만 소문은 소문이었을 뿐이래. 하지만 이 다이어트는 촌충이 뇌를 포함해 몸 안의 다른 장기까지도 감염시켜 생명을 위협하는 아주 위험한 방법이야.

잠깐 유행하다 사라졌다는데, 놀랍게도 2013년 미국의 한 여성이 촌충 알로 다이어트를 하는 게 알려져서 세상을 깜짝 놀라게 만들기도 했대.

다이어트라는 코르셋

"윽. 오늘 급식 다 먹었어요!"

선생님의 촌충 다이어트 얘기에 여기저기서 웩웩거리는 소리가 들렸어.

"선생님, 저희 오늘 살 빼게 하려고 일부러 이런 얘기 해 주신 거죠?"

아이들의 물음에 선생님은 오늘 급식 메뉴를 읊으셨어.

"오늘 급식이 뭐였더라. 스파게티에, 브로콜리 스프, 마늘빵……."

"안 되겠다. 오늘까지만 먹어야지!"

"냄새 맡으면 다 잊어버려!"

친구들의 목소리가 들렸어. 따뜻한 스프를 생각하니 나도 모르게 침이 꿀꺽!

바로 그때 승연이가 선생님께 질문을 했어.

"선생님! 그런데 왜 사람들은 징그러운 것까지 참아 가며 다이어트를 하는 거죠?"

승연이의 질문에 당연하다는 듯한 목소리가 들려왔어.

"그게 뭐 질문이야? 살 빼서 날씬해지려고 하는 거지!"

그러자 선생님이 고개를 끄덕이며 다시 우리에게 물었어.

"그럼 질문을 바꿔 볼게요. 왜 사람들은 날씬해지려고 할까요? 건강을 위협할 정도로 살이 쪄서 빼는 것도 아니고, 심지어 여러분처럼 한창 자라야 하는 시기에도 말이에요."

"자기만족요! 예쁘게 보이고 싶은 자기 마음 때문이죠!"

민서가 대답하자 선생님은 알겠다는 듯 우리를 쳐다보신 뒤 다시 물으셨어.

"그럼 누구에게 예쁘게 보이고 싶은 거죠?"

"사람……들요……."

민서가 쭈뼛거리며 말하자 선생님은 따뜻한 눈빛으로 다시 우리를 바라보며 이렇게 말씀하셨지.

"다이어트가 자기 자신을 위한 것인지, 다른 사람을 위한 것인지는 정말 고민해 보아야 해요. 지금은 스스로 원해서 다이어트를 한다고 생각할 수 있지만 어쩌면 세상이 여러분에게 다이어트를 강요하고 있는지도 몰라요. 코르셋이라는 도구가 있어요. 오늘날 뱃살을 눌러 주는 체형 보정 속옷들의 시초지요. 동물의 뼈처럼 단단한 고래수염이나 강철 등으로 만든 틀을 배에 대고 뒤에 달린 끈을 당겨 허리를 잘록하게 보이도록 만드는 거예요. 16세기 유럽에서는 개미처럼 가는 허리가 아름다운 여성의 기준이었기 때문에 코르셋으로 허리를 조이다 기절할 정도였대요. 그럼에도 많은 여성들은 다른 사람을 위해 코르셋을 조여 왔어요. 여러분이 살을 빼야 한다고 느끼는 이유는 바로 이런 코르셋과 같은 거예요. 그래야 아름답다고 생각하니까요."

선생님의 이야기에 승연이가 불쑥 끼어들며 말했어.

"맞아, 지후 네 말이 그래서 기분이 나빴던 거야. 나한테 많이 먹지 말라고

한 거는 살찌면 안 된다는 말로 들렸단 말이야. 안 그래도 집에서 매일 그 얘기 듣는데…….”

승연이의 말에 지후도 지지 않고 말했어.

"네가 키 커야 한다고 말한 것도 마찬가지라고!"

둘의 목소리가 커지자 아이들도 웅성거렸어.

"결국 둘 다 서로에게 사과해야 하는 거 아니야?"

웅성거리는 소리를 가만히 듣고 있던 선생님이 이야기하셨어.

"두 친구의 말이 모두 맞아요. 지후의 말은 승연이에게 다이어트를 강요한 거고 또 외모가 여자에게 아주 중요하다는 고정관념을 은연중에 말한 셈이에요. 마찬가지로 지후도 당연히 기분이 나쁠 수밖에 없어요. '남자애들은 키가 커야 한다', '어깨가 넓어야 한다' 같은 표현들 역시 남자에게 코르셋과 같은 거니까요. 게다가 여러분의 몸은 지금부터 많은 변화가 생길 거예요. 여러분이 관심을 가져야 하는 것은 겉으로 보이는 모습이 아니에요. 중요한 건 다른 사람의 시선에 맞춘 나의 몸이 아니라 건강하게 살아갈 자신의 몸을 사랑하는 일이지 않을까요?"

선생님의 말씀이 끝나자 승연이와 지후의 볼이 빨개졌어.

"미안해. 지후야."

"미안해, 승연아."

코르셋이 뭐예요?

신데렐라, 백설공주, 인어공주, 우리가 아는 공주들의 생김새는 모두 다르지만 한 가지 공통점이 있어. 그건 바로 잘록한 허리를 가지고 있다는 점이야. 가는 허리 덕분에 가슴과 엉덩이는 더욱 도드라져. 흔히들 말하는 'S라인' 몸매야. 하지만 이 S라인에는 코르셋이라는 비밀이 있어. 잘록한 허리가 저절로 생기는 것은 아니니까 말이야. 코르셋이 뭐냐고? 홈쇼핑을 보다 보면 울퉁불퉁한 배를 쏙 들어가게 만드는 신비한 속옷을 팔아. 요즘은 이것을 보정 속옷이라고 부르지. 과거 코르셋의 진화형이랄까? 강철이나 고래수염 등을 소재로 하던 과거와 달리 오늘날에는 잘 늘어나고 또 잘 줄어드는 소재로 만들어. 그럼에도 불구하고 가슴에서부터 허리를 감싸는 이것을 입으면 여름에 덥고 숨 쉴 때는 갑갑함을 느껴. 그럼 그 먼 옛날에 딱딱한 것으로 가슴에서 배를 받치고 끈으로 조였을 때는 일상생활이 얼마나 불편했을까? 단단한 것으로 배를 누르니 허리를 하루 종일 꼿꼿이 세우고 있어야 했어. 그래서 물건이 떨어져도 허리를 굽혀 주울 수 없었어. 심지어는 갈비뼈가 부러지고 내장의 위치

1600년대에 사용된 코르셋. 고래수염이나 금속으로 된 딱딱한 코르셋을 착용하면 허리를 조여 잘록해 보인다. 당시 의사들 사이에서는 호흡기 질환, 갈비뼈 기형 등이 코르셋 때문이라는 의견이 나오기도 했다.

가 변형되기도 하고 숨이 막혀 기절하는 일도 있었대. 만화 속 공주들도 웃고는 있지만 어쩌면 속으론 '빨리 코르셋을 벗고 싶어!' 하고 외치고 있지 않을까?

코르셋은 사라졌을까?

1840년대 유럽에서 대유행하던 코르셋은 시간이 지나면서 조금씩 사라지는 것처럼 보였어. 허리를 조이는 대신 자연스럽게 몸을 따라 흐르는 옷이 유행하게 되었거든. 또 세계 대전이 일어나면서 여성들 옷 역시 전쟁터에서 일하기 편한 복장으로 형태가 달라졌단다. 하지만 사람들에게는 여전히 '여자는 날씬해야 한다'와 같은 생각들이 남아 있어. 몸매뿐 아니라 피부, 머릿결, 화장, 옷차림까지 '여자는 어떠해야 한다'와 같은 고정관념들이지. 이런 생각들 역시 코르셋이라고 할 수 있어. 과거의 코르셋은 몸을 조였다면 오늘날의 코르셋은 사람들의 마음을 조이는 셈이야. 내가 원하는 것이나 나의 개성과는 무관하게 남들의 기대에 나를 끼워 맞추려고 하는 거지. 물론 반대로 '남자는 어떠해야 한다'는 생각도 있어. 남자는 용감해야 하고, 운동을 잘해야 하고, 근육이 많아야 한다는 등의 생각들 말이야. 하지만 그런 기준들은 도대체 누가 정하는 거지? 그리고 우린 누구한테 배운 거지? 이제 그만 남의 기준을 던져 버리면 어떨까?

먹지 않으려는 병

무언가를 먹으려 하지 않거나, 아주 적게 먹거나, 혹은 한꺼번에 아주 많이 먹거나 먹고 나서 토하는 증상 등을 보이는 사람들이 있어. 우리나라의 경우에는 해마다 이 질병을 진단받는 사람들이 늘고 있고 여성이 남성보다 4배 이상 많은 비율을 보인대. 특히 10~30대 사이의 여성에게서 주로 나타난다고 해. 미국 정신 의학회가 밝힌 바에 따르면 여자 청소년 200명 중 1명은 이러한 섭식 장애를 겪고 있다니 우습게 볼 병은 아니야.

    섭식 장애 중에는 먹는 것을 거부하는 거식증이 있어. 나이와 키에 비해 지나치게 낮은 몸무게를 유지하려고 하고 심지어 저체중임에도 불구하고 살찌는 것에 대한 극도의 공포심을 느껴서 그렇대. 또 체중이나 체형에 대한 왜곡된 생각을 가지고 있고 자신이 저체중 상태인 심각성을 인정하지 않으려 한다고 해. 먹는 것과 관련된 장애라서 신체적인 질환 같지만 실제로는 정신 질환으로 분류돼. 결국에는 마음과 몸 모두를 망가뜨리는 무서운 병이지.

    우루과이 패션 모델인 루이셀 라모스, 미국의 기계 체조 선수였던 크리스티 헨리치처럼 거식증으로 생명을 잃은 사람도 많아. 프랑스 모델 이사벨 카로는 165센티미터의 키에 겨우 31킬로그램밖에 나가지 않았는데도 살이 찌는 게 두려워서 먹지 못하는 거식증 환자가 되었고 결국 사망했단다. 우리나라에서 이 병은 정신 질환 중에서도 가장 높은 자살률을 보인다고 하니 단지 날씬해지기 위한 다이어트가 아니라 정말 심각한 질병인 셈이야.

완벽한 몸이란 존재하는 걸까?

    1908년 오스트리아 빌렌도르프에서는 가슴이 크고 배가 볼록하게 나온 한 여성의 조각상이 발견되었어. 이 조각상은 빌렌도르프의 비너스라고 해. 높이는 11센티미터 정도이고 구석기 시대쯤에 만들어졌을 거래. 풍요와 다산을 바라는 마음이 담겨 있어. 과거의 기준으로 보자면 축복의 몸매지만 오늘날로 보자면 고도 비만이라고 불릴 몸매야.

    반면 1959년에 처음으로 만들어진 바비 인형은 이후에 나온 바비 인형보다 조금

빌렌도르프의 비너스와 1959년 최초로 공개된 바비 인형.

통통해. 팔다리도 좀 짧고 말이야. 하지만 빌렌도르프의 조각상에 비교하면 훨씬 날씬해졌어. 풍요와 다산보다 더 중요한 아름다움의 기준이 생겼기 때문이겠지.

이런 차이는 한 시대를 살아가는 사람들의 바람과 아름다움을 보는 기준이 달라졌기 때문일 거야. 그렇다면 앞으로 50년, 100년 이후에 사람들의 바람은 어떻게 달라질까? 혹시 애당초 '완벽한 미의 기준'이란 없는 거 아닐까?

알고 보면 대단한 기생충

기생충이라고 하면 길쭉하게 생긴 징그러운 생물체라고만 생각하기 쉬워. 하지만 감기에 걸리게 하는 바이러스처럼 다른 생물에 달라붙어 영양분을 빼앗는 생물체를 모두 기생충이라고 해. 또 기생충은 인간보다도 먼저 지구에 존재했던 아주 오래된 생물체야. 사람을 포함해 곤충, 동물이나 식물 심지어 눈에 보이지 않는 박테리아 등에도 존재하며 영양분을 빼앗고 자신의 후손을 남겨 왔어. 이때 영양분을 빼앗기는 생명체를 숙주라고 불러. 기생충은 숙주의 몸에 들어가려 하고 숙주는 이를 방어하려는 과정을 통해 생물이 진화했다고 설명하기도 해.

하지만 숙주가 된 생물체는 여러 가지 고통을 받고 심지어 죽기도 하지. 사람도 예외가 아니어서 기생충에 감염되면 배가 아프고 입맛을 잃고 심하면 뇌를 포함한 신체의 일부까지도 손상될 수 있어. 오늘날에는 의학의 발달로 구충제를 먹으면 기생충을 죽일 수 있는데 바로 이 점을 이용해 미국에서는 기생충의 알을 먹고 살이 빠지면 다시 구충제를 먹는 엽기적인 다이어트가 잠시 유행했던 거야.

천연두, 말라리아, 뎅기열 등 치명적인 위험으로 박멸해야 하는 기생충도 존재하지만 기생충은 인류가 문명을 발전시키는 데도 기여했다고 해. 최근에는 치매와 크론병 치료제로써 주목받는 기생충도 있고 기생벌을 이용해 농약을 사용하지 않는 농업도 있대. 세상에 필요하지 않는 생물이 없는 것처럼 기생충들 역시도 생태계를 균형 있게 유지해 주는 역할을 한단다.

사람의 장에 기생하는 촌충. 촌충 다이어트는 기생충이 사람의 잉여 섭취물을 먹으면 체중이 줄 거라는 생각에서 유래되었다.

바비 인형 같은 몸은 없어!

안녕! 나는 바비야. 1959년에 태어났어. 아마 너희들에게도 한두 개쯤 내가 있을지 몰라. 내가 처음 나왔을 때 사람들은 건축가, 의사, 아나운서 등의 모습을 한 나에게 깜짝 놀랐다고 해. 여성은 가정을 돌보는 일이 적절하다고 여겼던 때이니 말이야. 나를 본 여자아이들은 '나도 바비와 같은 직업을 가지고 싶다'라고 생각하지 않았을까? 그러니까 나도 성 역할에 대한 이분법적 사고를 깨는 데 기여를 한 셈이지.

그런데 나와 관련하여 안 좋은 이야기가 있다지? 아마도 '바비 인형 같은 몸매'라는 말 때문일 거야. 나는 대부분 금발에 하얀 피부, 길고 가느다란 목, 잘록한 허리를 가지고 있어. 사람들은 나의 모습 때문에 여자아이들이 마른 몸을 원하게 됐다고 해. 더 큰 문제는 남자아이들까지도 여자의 몸이 '어떠해야 한다'고 규정 짓게 만든 거야.

사실 인형은 여러 벌의 옷을 껴입기도 하는데 당시에는 옷을 정교하게 만들기 어려웠어. 그래서 나의 몸을 얇게 만들 수밖에 없었대. 그러니까 바비 인형 같은 몸매는 실제로 존재하지도 않고 만약 존재한다면 비정상적으로 보일 수밖에 없는 거지. 내 몸의 비밀을 듣고 보니 '바비 인형 같은 몸매'라는 말이 우습지 않니?

아름다움이란 사람의 수만큼이나 다양하게 설명할 수 있어. 우리도 이젠 여자의 몸이 어떠해야 한다는 생각에서 벗어나길 바라. 최근 등장한 래밀리 인형은 미국 19세 소녀의 평균 체형을 반영했어. 화려한 드레스 대신에 운동복이나 평상복을 입고 있는 평소 너희의 모습이야. 물론 나 역시도 다양한 피부색과 직업을 가지면서 조금씩 달라지고 있지. 내 몸에도 좋은 변화가 생기길 바라 볼게.

모두가 자신의 몸을 긍정하길 바라는

바비가

"미래에는 여성 지도자라는 말이
더 이상 없을 것입니다. 그냥 지도자가 있을 뿐이죠."

-셰릴 샌드버그
(1969~ , 페이스북 최고 운영 책임자)

셰릴 샌드버그가 세계적인 기업에서 투자 협상을 할 때의 일이었어요. 그 건물 해당 층에는 여자 화장실이 없었는데 임원들 가운데 여성이 아무도 없기 때문이었어요. 여성의 사회 활동이 늘어났다고 해도 높은 직위를 가질 가능성은 남자에 비해 아직 적은 수준이에요. 우리 사회에는 '유리천장'이 존재하고 있기 때문이지요.

모두에게 공평한 기회

유리천장

여성에게는 할 수 없는 일과 할 수 있는 일을 구분하는 보이지 않는 천장이 있어요. 그걸 유리천장이라고 부르지요. 예를 들면, 우리는 오케스트라의 남성 지휘자에게는 그냥 '지휘자'라고 하면서 여성에겐 '여성 지휘자'라고 부를 때가 많아요. 남성에겐 붙지 않는 수식어가 여성에게는 붙어 있지요. 남성이 주로 올라갔던 자리에 여성이 올라간 일이 일반적이지 않은 경우로 비춰진다는 걸 느낄 수 있겠지요?

우람이의 수학 학원

저녁을 먹고 나와 우람이는 식탁에 앉아 수학 문제집을 풀었어. 우람이는 오늘 엄마와 수학 학원 레벨 테스트를 받고 왔어. 친구인 제민이도 함께 테스트를 받았는데 둘 다 꽤 높은 레벨을 받았나 봐. 우람이가 수학 문제를 풀면서 유난히 잘난 체를 하는 거 있지. 2학년 문제는 시시하다나 뭐라나 하면서 자꾸 내 수학 문제집을 넘보는 거야.

"누나, 이건 어떻게 하는 거야?"

"너 통분 알아? 아니 분수는 알아? 아직 안 배우잖아! 구구단이나 열심히 외워!"

"나 구구단 다 외웠거든! 칠, 팔, 오십사!"

"오십육이거든!"

내가 우람이와 티격태격하는 동안 엄마는 아빠와 거실에 앉아 얘기를 나눴어.

"우람이도 제민이랑 같이 수학 학원 보낼까?"

"우람이가 간다고 하면 보내야지. 우리 아들! 오늘 레벨도 높게 나왔다며,

기특하네."

입가에 웃음이 가득한 아빠가 말했어.

"아직 2학년인데 너무 빠른 거 같기도 하고, 세미는 수학 학원 안 다녀도 잘 따라가는데……."

"에이, 그래도 남자애들은 다르지. 남자애들은 수학 잘해야 돼. 어릴 때부터 탄탄하게 기초를 잡아 둬야 한다고."

엄마, 아빠의 대화를 엿듣고 있던 나는 아빠의 말에 왠지 서운함이 밀려들었어. 나는 수학이 재밌고 가장 자신 있는 과목이야. 그런데 아빠는 지금 내가 잘하는 것엔 관심이 없고 어떻게 해야 우람이가 잘할 수 있는지에만 관심이 있는 것처럼 느껴졌거든.

　나는 우람이의 수학 학원에 대해 이야기하는 부모님의 대화를 들으며 뉴스를 보고 있었어. 그런데 바로 그때 내 귀가 쫑긋 세워졌어.

　"미국 여성 수학 협회에서는 천재적인 수학자였던 에미 뇌터를 기념하기 위해 매년 에미 뇌터 강연회를 개최합니다. 또한 에미 뇌터상을 제정해 전 세계 여성 수학자 중 뛰어난 학자를 뽑아 수상하고 있습니다. 수상자는……."

　나는 여성 수학자라는 말에 콕 하고 맘이 흔들리고 말았어. 그리고 처음 들어 보는 에미 뇌터라는 수학자에 대해 찾아보았어.

현대 과학에 큰 공헌을 한 수학자

"자네, 오늘 아인슈타인이 『뉴욕타임스』에 기고한 추도문 읽어 봤어?"

"읽어 봤지. 에미 뇌터가 죽었다더군. 아인슈타인도 그녀의 죽음이 무척이나 안타까웠나 봐. 여성의 고등 교육이 시작된 이래 가장 주목할 만한 창조적인 수학 천재였다니, 놀랍지 않나?"

"놀랍기는! 그녀가 수학 천재였던 건 누구나 인정해야 할 일이야! 나 역시도 그녀의 죽음이 안타깝다네."

1935년, 53세의 나이로 에미 뇌터가 사망하자 수많은 학자들이 그녀의 죽음을 안타까워했대. 하지만 많은 여성들이 그러했듯 그녀가 처음부터 수학자로 인정받을 수 있었던 건 아니었어. 제1차 세계 대전이 한창이던 독일, 당

시 프로이센에선 여성이 대학에서 학생들을 가르치는 걸 법으로 금지했거든. 하지만 그녀의 재능을 높이 평가했던 괴팅겐 대학의 다비트 힐베르트 교수는 에미 뇌터에게 교수직을 허락해야 한다고 주장했어.

"지금 전쟁터에 나간 학생들이 돌아와 여성의 발밑에서 배운다는 것을 알게 되면 어떤 생각을 하겠습니까?"

괴팅겐 대학의 교수들이 인상을 찌푸리며 말했어. 힐베르트 교수는 진지한 표정으로 부탁했어.

"신사 여러분, 교수를 채용하는 데 성별이 무슨 의미가 있나요? 여기는 대학이지, 공중목욕탕이 아니지 않습니까? 에미의 수학적 능력은 누구보다도 뛰어나다고요!"

하지만 괴팅겐 대학의 교수들은 힐베르트 교수의 말을 받아들일 수 없었지.

"무슨 소리요? 어떻게 여성의 뇌가 수학적인 창의성을 발휘할 수 있다는 거요? 또 정부가 여성이 대학 강사를 할 수 없다고 법을 제정한 것을 잊었소? 에미에게 교수직을 준다는 것은 결국 법을 어기는 것이오! 에미의 수학 능력이 그렇게 뛰어나다면 힐베르트 교수 당신의 조수로 고용하는 것은 어떻겠소?"

결국 에미 뇌터는 힐베르트 교수의 조수로 일하며 힐베르트 교수의 이름으로 강의를 열고 월급도 받지 못한 채 강단에 서야만 했어.

나도 수학자가 될래요!

에미 뇌터의 이야기를 찾아 읽으면서 나도 수학자가 되고 싶다는 생각을 했어. 비록 오랫동안 알아주지 않았지만 끝까지 자신의 길을 걸어간 에미 뇌터가 훌륭하다고 생각했거든. 그리고 여전히 우람이의 수학 학원에 대해 이야기하는 엄마와 아빠에게 이렇게 말했지.

"엄마! 수학 학원 저도 보내 주세요!"

갑작스러운 내 말에 엄마도 아빠도 당황한 표정이었어. 아마 두 분 모두 나를 학원에 보낼 생각은 없으셨나 봐.

"세미, 너는 안 다녀도 잘하잖아!"

엄마가 웃으면서 말씀하셨어.

"네, 하지만 수학을 더 잘하고 싶거든요. 수학자가 될지도 모르고요!"

내가 말했어.

"에이, 수학자가 돼서 뭘 하게?"

엄마는 이해가 안 된다는 듯 고개를 흔들었어.

"수학 잘하는 남자애들이 얼마나 많은데 여자애가 무슨? 여자 수학자 중에 유명한 사람이 누가 있어?"

아빠도 엄마처럼 아무렇지 않게 내게 말했어. 나는 좀 전에 찾은 이야기를 생각하며 두 분에게 말했지.

"왜요? 방금 뉴스에도 나온 에미 뇌터도 수학자라고요! 다만 여성이기 때문에 덜 알려졌고 여성이기 때문에 기회가 적었던 거라고요! 아인슈타인이 만약 여성이었다면 지금처럼 누구나 다 알 수 있었을까요?"

갑작스럽게 커진 내 목소리에 아빠는 쿨럭하곤 말씀하셨어.

"누구라고? 에미…… 뭐? 여하튼 아빠는 우리 딸이 남자들의 세계에서 힘들까 봐 그런 거야. 우리 세미가 수학 잘하는 거야 아빠도 알지."

"그런데 왜 저는 안 된다는 거예요?"

내가 대꾸를 하자 아빠는 눈이 동그래져서 나를 바라보셨어.

"어? 안 된다는 게 아니라, 힘들다는 거지."

"그럼 제가 여자라서 그런 거예요? 우람이는 남자라서 괜찮고요? 그런 게

어디 있어요? 여자든 남자든 잘할 수 있는 건 다 다른 거 아니에요? 해 보지도 않고 여자라서 포기하는 건 공평하지 않다고 생각해요."

나는 차분하게 내 생각을 이야기했어. 아빠는 가만히 다 듣고는 아무런 말씀도 하지 않으셨어. 나도 더는 뭘 어쩌면 좋을지 몰라 아빠를 바라보고만 있었는데 아빠가 가만히 팔을 뻗어 손을 내미셨어.

"세미야, 아빠가 생각이 짧았어. 미안하구나. 세미 말처럼 남자라서 혹은 여자라서 포기하는 건 공평하지 못한 일이야."

아빠와 나를 지켜보던 엄마가 크게 숨을 내쉬며 말했어.

"세미야. 그럼 너도 레벨 테스트 받아 볼래?"

여전히 나는 기분이 이상했어. 우람이는 아무 말 안 해도 가질 수 있는 기회를, 나는 왜 설명해야 가질 수 있는지 모르겠다는 생각이 들었거든.

남녀가 할 수 있는 일이 따로 정해져 있을까?

성별에 따라 할 수 있는 일을 따로 정해 놓은 규칙은 세상에 없어. 하지만 어른들은 종종 "여자 혹은 남자가 하기 좋은 직업"이라는 말을 하곤 해. 이 말에는 성별에 따라 능력이 다르고 남자와 여자에게 적합한 일은 따로 있다는 믿음이 바탕이 되어 있어. 그래서 주로 남성들이 많이 하는 일에 여성이 도전하거나 그 분야에서 성공하면 '금녀의 벽을 허물었다' 같은 말로 그 여성이 아주 특별하다는 점을 강조해. 1948년 우리나라 최초의 여성 상공부 장관이 된 임영신, 여성 최초 사법고시 합격자이자 최초의 변호사인 이태영, 우리나라 최초의 여성 비행사 권기옥, 우리나라 최초의 서양화가 나혜석 등이 대표적인 인물이야. 혹은 그 반대의 경우도 있어. 디자이너 앙드레 김, 한국 최초의 남성 간호사 조상문 등은 금남의 벽을 허문 사람들로 이야기돼. 하지만 육아와 살림의 영역은 아직 주로 여자가 맡는 것을 보면 '성별의 벽'은 쉽게 허물어지지 않는 것 같아.

우리나라 최초의 여성 장관 임영신(왼쪽)과 최초의 남성 패션 디자이너 앙드레김(오른쪽). 성별에 따라 직업이 나뉘어야 한다는 편견이 강했던 시절, 두 사람은 벽을 허물고 원하는 일에 뛰어들어 재능을 발휘했다.

'알파걸'의 발견

공부도 잘하고 운동도 잘하고 심지어 인간관계도 좋으며 리더십도 뛰어난 소녀들이 있어. 이런 특징을 가진 친구들을 알파걸이라고 해. 이 개념은 2006년 하버드 대학의 아동 심리학 교수 댄 킨들런이 자신의 두 딸을 보며 떠올린 표현이었어. 그가 배운 이전의 책들에서는 10대 여성이 사춘기에 들어서면 활력과 자신감을 잃는다고 했는데 자신의 두 딸을 비롯해 강연을 통해 만나게 된 10대 소녀들은 전혀 달랐거든. 그는 이들의 할머니와 어머니 세대가 1960년대 전후로 여성의 권리를 찾는 운동에 적극적으로 참여했다는 점에 주목했어. 윗세대가 자신의 손녀와 딸들에게 남녀평등 의식을 전해 주었다고 보았지. 바로 이 덕분에 여자도 남자와 똑같이 뭐든 할 수 있다는 생각을 가지게 되었고 그 자신감이 바로 알파걸을 탄생시킨 배경이라고 말이야.

보이지 않지만 존재하는 천장, 유리천장

유리로 만든 천장이 있다면 어떨까? 우리 사회를 구성하는 사람들 사이에도 보이지 않는 천장이 있는데 그것을 유리천장이라고 해. 유리천장은 어떤 집단이 사회적으로 높은 지위에 올라가는 것을 막는 장벽이야. 그런데 이상한 건 그 천장이 여성들에게 훨씬 더 많이 존재한다는 거야. 우리나라는 OECD 회원국 가운데 유리천장 지수가 높은 국가로 손꼽히는데 이는 직장 내에서 여성 차별이 심하다는 뜻이야.

국회의원 중 여성의 비율은 2017년 기준으로 17퍼센트, 한국 10대 그룹 최고 경영자 중 여성의 비율은 2016년 기준으로 2.4퍼센트밖에 안 돼. 그렇다면 국회의원 중 83퍼센트, 10대 그룹 경영자 중 97.6퍼센트가 남성인 셈이야. 하지만 이런 결과를 두고 여성이 남성에 비해 능력이 부족하다고 단정 지을 수는 없어. 탄탄한 경력을

쌓은 여성도 결혼을 하고 아이를 낳으면 일을 그만두고 가정을 돌보는 경우가 많아. 그 결과 어떤 분야에 오랫동안 몸담아 전문가가 되거나 고위직이 되는 경우가 남성에 비해 적을 수밖에 없는 거야.

그러다 보니 여성이 전문가나 고위직이 되면 마치 특별한 일이 일어난 것처럼 이야기하곤 하는데 이런 생각의 바탕에는 여성은 남성보다 잘할 수 없고 잘되기 어렵다는 생각이 깔려 있어. 하지만 성별이 어떤 일을 더 잘하게 만들지 않는다는 건 이제 누구나 알아. 그러니까 보이지 않지만 존재하는 천장, 유리천장이 와장창 깨지는 날을 기대해 볼까?

수학을 잘해서 화형당했다고?

히파티아는 세계 최초의 여성 수학자라고 알려진 사람이야. 이집트 알렉산드리아 지방에서 기원후 355년 정도에 태어났지. 1600년도 훨씬 전의 일이지만 피타고라스나 아리스토텔레스처럼 남자 수학자들이 기원전에도 기록이 남아 있는 것에 비하면 아주 늦은 기록이라 할 만해.

세계 최초의 여성 수학자로 알려진 히파티아.

히파티아는 수학자이자 알렉산드리아 도서관 관장을 지낸 아버지 테온을 통해 수학뿐 아니라 천문학, 종교, 철학 등 다양한 학문을 배웠어. 능력이 아주 뛰어났고 또 모든 면에서 균형 잡힌 지식을 갖추었다고 해. 특히 히파티아는 하늘이 질서를 가지고 있다고 보고 그 질서를 수학과 과학으로 풀어 보려고 했어. 하지만 당시 천문 즉 하늘은 신의 영역이었지. 신의 영역을 연구의 대상으로 삼은 것도 모자라 연구자가 감히 여자라는 사실을 당시 사람들은 받아들이기 힘들었어. 게다가 그녀의 제자들이 정치에 참여하게 되면서 히파티아의 영향력 역시 점점 강해졌지. 당시 로마 제국은 히파티아가 신의 뜻을 거스르고 사람들을 현혹시킨다며 그녀를 마녀라 지칭했어. 415년 3월, 강의를 하러 마차를 타고 가던 히파티아는 광신도에게 붙잡혀 살아 있는 채로 화형되고 말아. 평생을 독신으로 지내며 "나는 진리와 결혼했다"라는 말로 수많은 청혼을 거절했던 그녀가 만약 남자였다면 어땠을까?

유일한 여성 필즈상 수상자

노벨상에는 화학, 문학, 경제 등 다양한 분야가 있지만 수학은 없어. 하지만 수학자들에겐 노벨상에 버금가는 상이 있는데 바로 필즈상이야. 이 상은 4년마다 4명씩, 40세 이하의 젊은 수학자들에게 주어져. 1936년부터 현재까지 많은 천재 수학자들이 이 상을 차지했지만 여성 수상자는 단 한 명뿐이야. 이란 출신의 수학자 '마리암 미르자카니'지. 그녀는 2014년 수상자였는데 안타깝게도 유방암으로 2017년에 사망했어.

필즈상 수상자인 마리암 미르자카니.

유리천장은 부술 수 있어!

안녕, 나는 1882년 독일의 유대인 가정에서 태어난 에미 뇌터라고 해. 나의 아버지인 막스 뇌터는 에를랑겐-뉘른베르크 대학에서 수학을 가르쳤어. 내 동생 프리츠 뇌터도 나중에 수학자가 되었지.

하지만 내가 처음부터 수학자가 되려고 했던 것은 아니야. 나는 당시의 많은 소녀들이 그러했듯 미술, 음악, 가사 등과 같은 것들을 가르치는 여학교에 다녔어. 1900년, 나는 교사 자격 시험을 보고 여학생들에게 프랑스어와 영어를 가르칠 자격증을 얻었지만 무언가를 더 배우고 싶었지. 하지만 그 당시 어느 대학에서도 여학생의 입학을 허가하지 않았단다. 다행히 아버지가 교수로 있던 대학에서는 여학생이 강의를 청강하는 것은 허락하고 있었어. 나는 청강생 자격으로 여러 강의를 들었고, 1904년 대학에서 여학생의 입학을 허락하자마자 수학과 학생이 되었지. 이후 나는 고르단 교수의 지도 아래 최연소 박사가 되었고 연구를 지속했으며 아버지의 강의도 대신했어. 하지만 어떤 직함도 보수도 없었단다. 그렇게 8년을 에를랑겐에서 보냈어. 참 불공평했지만 어쩔 수 없었지.

나의 지도 교수였던 고르단이 죽고 나서는 그와 함께 연구하던 괴팅겐 대학의 힐베르트 교수를 도왔어. 그는 당시 아인슈타인과 함께 연구 중이었어. 힐베르트 교수는 내가 괴팅겐 대학의 교수가 될 수 있도록 추천했지만 많은 남자 교수들이 내가 교수가 되기를 원하지 않았어. 국가에서조차 여성이 교수가 되는 걸 금지했던 시절이었으니 사람들의 반대는 당연한 것이었을지도 몰라. 이후 여러 사람의 도움으로 어렵게 교수가 되었지만 제2차 세계 대전을 일으킨 히틀러는 유대인의 사회적 지위를 박탈했고 나는 미국으로 건너와 목숨을 건질 수 있었어.

얘들아, 만약 내가 남자였다면 어땠을까? 많은 남성들의 도움 없이도, 누군가의 허락 없이도 무엇인가를 할 수 있지 않았을까? 나는 수학을 사랑했지만 그 사랑만으로는 통과하기 힘든 커다란 유리천장이 늘 내 위에 있었어. 그래서 나는 돈을 받지 못한 채, 이름을 남기지 못한 채 오랫동안 일해야 했지. 운이 좋게도 나의 연구가 아인슈타인이 상대성 원리를 완성하는 데 기여했고 그 덕분에 나는 이름을 남길 수 있었어. 하지만 세상의 수많은 여성 과학자, 수학자 들이 자신의 이름을 남기지 못한 채 사라졌다는 걸 기억해 줘.

    두께는 얇아졌을지 몰라도 여성인 친구들의 위엔 여전히 커다란 유리천장이 있을지도 몰라. 그래도 포기하지 않았으면 해. 더 많은 여성들이 자신의 분야에서 연구하고 성과를 낼 때 그 위의 유리천장도 사라질 수 있을 테니까 말이야.

모든 유리천장이 없어지길 바라는

에미 뇌터가

"나는 여러분에게 현재와는 다른 세상을 꿈꾸고
계획하는 일에 함께 나서자고 요청합니다.
좀 더 공정한 세상을, 스스로에게 진실함으로써
좀 더 행복해진 남자들과 좀 더 행복해진 여자들이
살아가는 세상을 말입니다."

—치마만다 응고지 아디치에
(1977~ , 나이지리아의 작가)

치마만다 응고지 아디치에는 『우리는 모두 페미니스트가 되어야 합니다』와 『엄마는 페미니스트』로 널리 알려진 작가랍니다. 그녀는 아이들이 받는 교육에 성별에 따른 차별과 혐오가 스며 있다고 생각했어요. 공정한 세상을 만들기 위해서는 지금과는 다른 배움이 필요하다는 그녀의 말에 귀 기울여 보아요.

출입 금지 너머로!

혐오

사람은 모두 평등해야 하지만 실제로는 그렇지 않은 일도 많이 일어나요. 그런 까닭에 피부색, 나이, 성별, 경제적인 능력 등에 따라 사람을 차별하거나 혐오하지 않겠다는 약속이 필요해요. 그런데 단지 어린아이라서, 여자라서, 남자라서, 노인이라서, 유색인이라서 등의 이유로 혐오의 대상이 된다면 어떨까요?

내가 식당에 들어갈 수 없는 이유

"세미야, 나 어제 엄마랑 ○○식당 가려다가 못 들어가고 그냥 나왔잖아. 완전 기분 나빴어."

지원이가 아침부터 나를 붙잡고 이야기하기 시작했어.

"헐. 왜?"

"왜긴, 내가 어린이라 그렇대. 완전 어이 상실! 초등학생은 출입을 금지한다나 뭐라나. 뭐 그런 데가 다 있냐?"

지원이의 씩씩거림을 들은 찬호가 아는 체하며 말했어.

"그런 곳을 '노키즈존'이라고 하는 거야! 어린이 출입 금지, 어른만 들어갈 수 있는 데."

"야! 밥 먹는 데 어른이랑 어린이가 어딨냐?"

찬호에 말에 지원이가 발끈하며 물었어.

"애들이 막 시끄럽게 하고 식당에서 뛰어다니고 그러니까 그렇지. 다른 사람들도 똑같이 돈을 내고 식당을 이용하는데 이유 없이 피해를 받는 거잖아."

지원이의 말에 차분한 목소리로 혜원이가 말했어.

"그렇다고 모든 어린이들의 출입을 금지하는 건 문제 아니야? 그럼 큰 소리로 말하는 다른 어른들의 출입은 왜 금지 안 하는데? 목소리 큰 아줌마, 아저씨도 못 들어오게 해야지. 이건 차별이라고! 아동 차별!"

"옳소! 옳소!"

지원이의 말에 내가 맞다고 소리쳤어. 하지만 우리가 이렇게 한다고 해서 지원이가 어제 못 간 식당을 다시 들어갈 수 있는 건 아니야. 뭔가 단단히 잘못된 거 아니니?

아이들이 들어올 수 없다면

쉬는 시간이 끝나고 수업이 시작되었어.

"쉬는 시간에 선생님이 지원이 이야기를 듣게 되었는데, 혹시 그 이야기를 친구들한테 다시 해 줄 수 있겠니?"

선생님의 부탁에 지원이는 여전히 분이 풀리지 않은 목소리로 말했어.

"네! 제가 어제 엄마와 함께 ○○식당에 가려고 했어요. 오랜만에 엄마와 단둘이 시간을 보내게 되었거든요. ○○식당은 텔레비전에도 나온 곳이에요. 엄마는 좋은 곳에서 저와 이야기도 하고 밥도 먹고 싶었대요. 그런데 식당을 들어가려니까 문 앞에 서 있던 직원이 저희를 가로막는 거예요. 여긴 초등학생의 출입이 안 되니까 죄송하지만 다른 곳으로 가라고요! 엄마가 항의했지만 어쩔 수 없었어요. 또 엄마의 목소리가 커지자 다른 손님들이 저희를 쳐다

보기도 했거든요. 제 마음이 속상해서였는지는 모르겠지만 저희를 바라보는 다른 어른들의 눈빛엔 짜증이 배어 있는 것 같았어요. 엄마도 민망하셨는지 그냥 나오고 말았죠. 오랜만에 기분 좋게 나갔는데 결국에는 패스트푸드점에서 햄버거를 먹고 집으로 돌아왔어요."

"헐!"

"대박!"

"나빴네."

친구들의 반응은 모두 비슷했어. 그러곤 각자 비슷하게 경험했던 곳들을 말하며 정보 아닌 정보를 나누었지. 우리의 목소리가 커지자 선생님께서는 교탁을 톡톡 치며 말했어.

"지금 지원이가 말한 곳을 노키즈존이라고 해요. 여러분들 같은 어린이의 출입을 금지하는 곳이죠. 여러분 생각은 어때요?"

"다른 사람들도 같은 돈을 내고 왔는데 아이들이 소란스러우면 다른 손님에게 피해가 되잖아요. 저는 뭐 나쁘지 않은 거 같아요. 오히려 어린이가 출입할 수 있는 곳을 가게 되면 마음도 편하고요!"

선생님의 질문에 유진이가 답했어. 나는 아까 지원이가 혜원이에게 했던 말을 다시 했어. 어린이가 소란스러워서 그런 거면 떠드는 어른도 다 내보내야 하는 거 아니냐고 말이야. 내 얘기가 끝나자 여기저기서 맞네, 틀리네 친구들끼리 이야기가 시작되었어. 선생님께서 한 가지 질문을 하셨어.

"노키즈존은 단지 기분의 문제는 아니에요. 누군가에게 불편을 준다는 이유로 그 집단 모두를 배제해 버리면 된다는 생각이 문제인 거예요. 더구나 그 대상이 힘이 없고 약한 사람이라면 더욱 문제 아닐까요? 선생님이 겪은 일 하나를 들려줄게요."

용기 있는 목소리

선생님이 막 아이를 낳고 육아 휴직으로 쉬고 있을 때였어요. 햇살은 너무 좋은데 매일 집 안에만 있는 게 갑갑하더라고요. 선생님도 엄마는 처음이니 모든 게 낯설고 서툴렀지요. 그래서 집 앞에 있는 분위기 좋은 카페라도 가고 싶었어요. 아이가 어렸으니 유모차에 태워 길을 나섰지요. 그런데 말예요, 선생님 옆쪽에 앉은 젊은 남자들의 목소리가 들려오기 시작했어요.

"저 아줌마 완전 맘충이네!"

"커피를 마시러 무슨 유모차까지 끌고 오는 거야! 애까지 울고, 완전 민폐야."

"김치녀에 맘충이지 뭐! 남편들은 돈 벌고. 큭큭. 남자만 불쌍해."

그들의 목소리는 그리 크지 않은 카페에 울리고 말았어요. 나는 얼굴이 새빨개져서 그만 일어나고 싶었어요. 왠지 너무 슬퍼지더라고요. 매일매일 아이를 보느라 선생님도 많이 지쳐 있었거든요. 바로 그때였어요. 건너편에 앉아 있던 한 아주머니가 일어나 그들에게 가서 묻더라고요.

"혹시 김치녀, 맘충이라는 말 저한테 하신 얘기예요?"

젊은 청년들은 기분 나쁘다는 듯 대답했어요.

"아니요! 아줌마 얘기 아닌데요? 무슨 상관이에요?"

"아, 저는 또 저한테 하시는 줄 알았죠. 여자가 이런 데서 커피나 마시고 있다고요. 그럼 누구한테 하신 건데요? 여기 커피 마시러 온 사람들 다 들리게 다른 사람 흉보는 거 명예 훼손인 거 아시죠? 사과하시는 게 좋을 거 같네요. 안 하시면 제가 신고하려고요!"

아주머니의 목소리는 카페 안을 가득 채우고도 남았어요. 슬그머니 그 자리를 피하려던 내가 미안하고 부끄러웠어요. 두 청년은 사과했고 선생님은 그 지영이라는 아주머니와 앉아 남은 커피를 다시 마셨어요.

혐오가 비겁한 이유

선생님은 이야기를 마치고 우리들을 바라보셨어.

"어때요? 선생님 이야기가?"

교실 안은 조용했어. 아무도 선뜻 말하지 못했어.

"에이, 그 남자들이 나빴네요. 인성…… 막……."

찬호가 이야기하자 선생님은 싱긋 웃으며 말했어.

"그래요, 그들은 나빴어요. 그런데 뭐가 나빴죠? 선생님한테 욕한 거요?"

"물론 그것도 그렇지만 김치녀나 맘충이라고 여자들 전부를 욕하는 것도 나빠요!"

지원이가 말했어.

"맞아요. 김치녀나 맘충은 여성을 혐오하는 표현들이에요. 여러분들이 노키즈존에 들어갈 수 없는 이유도 이와 비슷하죠. 어린이 모두를 다른 사람을 불편하게 만드는 존재로 단정 짓는 거잖아요. 그런데 이런 혐오는 대체로 자신들보다 힘이 약한 사람들을 향하는 경우가 많아요. 여자, 어린이, 노인, 난민, 가난한 사람들처럼 말이지요. 그럼 이런 비슷한 예는 뭐가 있을까요? 이제 나눠 준 종이에 자신이 알고 있는 혐오 표현이나 경험을 모둠 친구들과 적어 볼까요?"

선생님이 나눠 주신 종이는 빈칸을 찾기 힘들 만큼 빼곡하게 채워지기 시작했어.

맘충, 김치녀, 된장녀…….
한남충, 개저씨, 허수애비…….
급식충, 진지충, 개초딩…….

어린이 출입 금지, '노키즈존'

음식점이나 카페 등에서 어린이들의 출입을 금지하는 곳을 노키즈존이라고 해. 이 말은 2014년 즈음부터 사용되기 시작했는데 바로 어린이들 때문에 불편을 호소하는 사람들이 늘어나면서 등장했다고 볼 수 있어. 노키즈존을 찬성하는 사람들은 헌법 제23조 1항의 '모든 국민의 재산권은 보장된다'라는 말을 들어 노키즈존을 만드는 것은 가게 주인의 적법한 권리라고 말하기도 해. 하지만 바로 그 헌법의 2항에서는 '재산권의 행사는 공공복리에 적합해야 한다'고 적혀 있어. 그러니까 우리는 노키즈존이 개인 즉 어린이와 보호자의 권리를 침해하는 행위로 공공복리에 적합하지 않을 수 있다는 사실을 알아야 하는 거야. 또 몇몇 어린이나 보호자의 행동 때문에 그 집단에 속한 모두의 행동이 제한되는 것에 의문을 제기해야 해. 나의 불편을 참지 못해 전부를 막으려는 생각은 올바른 대안일까?

노키즈존은 불법일까?

영업 장소를 노키즈존으로 지정하고 운영한다고 처벌받지는 않아. 다만 2017년 국가 인권위에서는 '유엔의 아동 권리에 관한 협약 제31조'를 근거로 아동이 차별받지 않을 권리가 영업의 자유보다 우선이라는 입장을 밝힌 바 있어. 인권위는 "아동은 사회적 배제, 편견 또는 차별로부터의 자유 등을 보장받아야 한다. 전 세계적으로 공동체나 공원, 쇼핑몰 등에서 아동의 출입을 제한하면 아동은 '문젯거리', '문제아'라는 인식이 형성될 수 있고, 이러한 조치는 아동이 시민으로서 성장하는 데 중대한 영향을 미친다"고 판단 이유를 밝혔어.

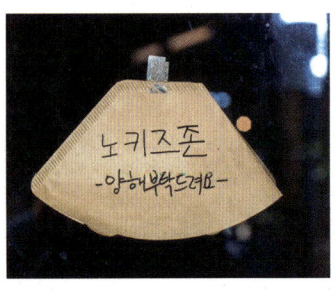

서울의 한 노키즈존 카페.

유엔 아동 권리 협약

유엔 아동 권리 협약은 1989년 11월 20일 유엔이 채택한 어린이 권리 조약이야. 우리나라를 포함한 전 세계 192개국이 이 협약을 지키겠다고 약속했어. 생존, 보호, 발달, 참여 등 어린이가 누려야 할 권리를 모두 담고 있지. 예를 들면 배울 권리, 놀 권리, 건강하게 자랄 권리, 표현할 권리, 난민이나 전쟁 중인 국가의 어린이도 보호받을 권리 등이야. 이 권리 협약은 각 나라에서는 어린이의 삶을 개선하는 기반으로 사용되고 있어. 전문과 54개 조항 1조부터 40조까지가 아동 권리에 관한 내용을 담고 있지. 그중에서도 1조와 2조를 살펴보면 다음과 같단다.

유엔 아동 권리 협약이 채택된 지 13주년을 기념하는 연설. 라오스 청년 대표가 아동이 교육받을 권리를 이야기하고 있다.

> 제1조 아동의 범위는 특별히 따로 법으로 정하지 않는 한 18세 미만까지로 한다.
>
> 제2조
>
> 1. 협약의 당사국은 아동이나 그 부모, 후견인의 인종, 피부색, 성별, 언어, 종교, 정치적 입장, 민족·사회적 출신, 재산, 장애 여부, 태생, 신분 등의 차별 없이 이 협약에 규정된 권리를 존중하고, 모든 아동에게 이를 보장해야 한다.
> 2. 당사국은 아동이 부모나 후견인 또는 다른 가족의 신분과 행동, 의견이나 신념을 이유로 차별이나 처벌을 받지 않도록 모든 적절한 조치를 취해야 한다.

세상의 모든 지영이로부터

안녕, 내 이름은 김지영이야. 참 흔한 이름이지? 이름은 흔하지만 나는 세상에 하나밖에 존재하지 않는 소중한 사람이야. 너희도 마찬가지고 말이야.

세미의 선생님이 아이를 안고 어쩔 줄 몰라 하던 모습이 아직도 떠오른다. 사실 그 모습은 불과 몇 년 전의 내 모습과 너무나 닮아 있었어. 첫아이를 낳고 다니던 직장을 그만두고 하루 종일 집에 있을 때의 나와 말이야.

아마 너희 선생님도 그랬을 거야. 아이를 낳고 기르는 그 모든 일이 처음이었을 테니 얼마나 낯설었겠니?

하지만 사람들은 그 낯섦과 당황스러움을 쉽게 이해해 주지 않아. 마치 여자면 태어날 때부터 당연히 할 수 있는 일, 혹은 당연히 해야 하는 일이라고 생각하지. 심지어 여자들 스스로도 그렇게 생각해. 그래서 아이를 돌보고 살림을 하는 일에 어려움을 느끼는 자신을 자책하기도 해.

혐오는 말이야, 멀리 있는 게 아니고 일상 속에 있어. 나와의 다름이나 차이를 이해하지 못하는 순간 상대방에 대한 비난과 비하가 생겨나게 되거든. 카페에 있던 젊은 남자

들이 선생님을 이해하는 일은 불가능해. 그리고 선생님을 평가할 권리나 자격도 없지. 그런데 그 청년들은 없는 권리를 함부로 행사했어. 이런 일들이 생각보다 많아. 초등학생이라는, 여성이라는, 돈이 없다는, 종교나 피부색이 다르다는 등의 이유로 말이지.

그러니까 혐오는 나와 다름을 인정하지 않으려는 고집의 아주 못된 얼굴이라고 할 수 있겠다. 이런 혐오를 마음으로 품고 있는 것도 잘못된 일이지만 더 큰 문제는 말로 내뱉고 행동으로 옮기는 사람들이 있다는 거야. 그 행동은 또 다른 혐오를 불러오고 말이야.

나는 이 시간들을 견디고 공부하며 이제는 다른 사람들에게 나의 소중함을 말할 작은 용기를 얻었어. 이제 막 세상을 배워 나가는 너희들이 혐오가 무엇인지 먼저 알면 좋겠다는 생각을 해.

지금 당장은 나와 상관없는 일처럼 느껴질지 모르지만 언젠가 너도 네 친구들도 네 가족들도 혐오를 경험하게 될지 몰라.

아무 생각 없이 내뱉는 말들이, 눈앞의 이익과 편리함만 좇는 여러 차별과 구별들이 서로에게 얼마나 상처를 주는지 알았으면 좋겠어.

혐오 대신 존중과 배려로 나아가길 바라는

지영이가

"페미니즘은 모두를 위한 것이다."

–벨 훅스
(1952~ , 미국의 작가, 사회운동가, 여성주의자)

벨 훅스의 본명은 글로리아 왓킨스예요. 장난꾸러기였던 어린 시절, 할머니의 여성 차별적인 훈육에 반발심을 가지고 있던 그녀는 스스로 '벨 훅스'라는 필명을 쓰는 작가가 되었지요. 그녀는 사람은 누구나 평등하게 살아야 할 존재라고 믿고 사람들의 생각을 바꾸기 위해 여전히 노력하고 있어요.

아빠가 달라졌어!

페미니즘

'남성의'를 영어로 '매니쉬(mannish)'라고 한다면 '여성의'는 '페미닌(feminine)'이라고 해요. 이 두 용어는 '매니쉬룩', '페미닌룩'처럼 패션 용어로 쓰이기도 하고 남성이나 여성의 것을 지칭할 때 쓰이기도 해요. 페미니즘이란 바로 이 '페미닌'에 사상을 뜻하는 '이즘(ism)'이 합쳐진 말로, 여성의 권리를 보장하고 성평등을 이루자는 생각이에요. 성별이 차별의 정당한 이유가 될 수 없는 평등한 세상을 꿈꾸는 것이 바로 페미니즘이랍니다!

당연하지 않은 걸 알게 되면

요즘 우리 아빠가 조금 이상해졌어. 아니 이상한 게 아니라 달라졌어. 설거지며 청소를 하는 건 물론이고 우리와 함께 보내는 시간도 많아졌어. 그리고 이런 말도 불쑥 하곤 해.

"세미야, 아빠가 그동안 미안했어. 아빠도 몰라서 그랬어. 엄마한테도 너한테도 미안한 게 많아."

또 엄마가 주로 맡았던 일을 아빠가 더 이상 당연하게 생각하지 않는다는 걸 느낄 수 있었어. 쓸고 닦으며 청소하는 것, 씻고 자르고 볶으며 요리하는 것, 우리를 돌보는 일들 같은 거 말이야. 도대체 아빠에게 무슨 일이 있었을까?

아는 것과 모르는 것의 차이

아빠가 다니는 회사에는 도서관이 있어. 사원들을 위한 휴식 공간으로 만들었다고 해. 또 사원들만 쓰는 게시판엔 독후감을 올리는 곳도 있는데 이곳에 올린 글 중에 조회 수가 많고 널리 읽힐 만한 글들은 사내 신문에 실리기도 하나 봐. 지난달엔 아빠 부서의 김 대리 아저씨가 쓴 글이 엄청난 조회 수를 기록했대. 아빠는 순전히 호기심으로 김 대리 아저씨한테 물어보았대.

"김 대리, 지난달에 쓴 글 조회 수 장난 아니던데? 무슨 책이야?"

"아, 그거요? 페미니즘 책인데, 한번 읽어 보실래요?"

"페미니즘? 에이, 나는 그런 거 잘 모르는데."

"그러니까요. 잘 모르니까 공부하셔야죠!"

김 대리 아저씨는 아빠에게 이렇게 말하곤 책상 위에 책 한 권을 올려놓고 가셨대.

아빠는 어쩐지 손이 안 가서 책상 한쪽에 오랫동안 두기만 했다고 해. 그러다 김 대리 아저씨의 눈치도 보이고 해서 책을 펼쳐 읽기 시작했대. 그런데 그만 아빠는 그 책을 다 읽고 말았대. 그러곤 엄마와 할머니, 내 생각이 가장 먼저 났다고 해. 아빠가 그동안 몰라서 생각 못 한 것들이 너무 많았다나 뭐라나. 그러곤 엄마에게 그 책을 다시 선물했대.

"당신도 읽어 보면 좋겠어. 이 책 읽고 당신 그리고 어머니, 우리 세미 생각이 가장 많이 났거든."

"페미니즘? 당신 이런 데 관심 있었어?"

"아니, 없었어. 몰라도 된다고 생각했어. 그런데 그게 아니더라고. 아주 조금 알게 되었을 뿐인데, 그동안 내가 너무 모르는 게 많았다는 걸 알겠더라고."

"뭘 몰랐는데?"

"당신이 하는 일들이 당연하다고 생각한 거. 밥하고 청소하고 애들 돌보고, 거기다 회사까지 다니는 거. 모두."

"……."

"미안해. 완벽할 순 없지만 조금씩 노력할게. 당연하게 생각 안 할게. 우리 세미는 지금보다 더 나은 세상에서 살아야지."

아빠는 그동안 있었던 일들을 내게 이야기해 주었어. 김 대리 아저씨 때문에 알게 된 페미니즘에 대해서도 말이야. 아빠의 말을 모두 이해할 수는 없었지만 종종 우람이와 차별을 받았다고 느낄 때나 학교에서 느꼈던 억울함이 내 잘못이 아니라는 것쯤은 알게 된 것 같아. 아주 오랫동안 굳어져 온 어떤 생각들이 여성과 남성을 나누고 성별에 따라 다른 역할을 하게 만들어 왔다는 것도 말이야. 페미니즘은 이 생각을 의심하고 다르지 않다고 외치고 함께 살아갈 방법을 고민하고 실천하는 일이라는 것도 알게 되었어. 여성이든 남성이든 우리는 모두 이 세상을 함께 살아가는 사람이니까.

함께해야 더 빛나는 공부

얼마 전에 지원이네 식구들이 우리 집에 놀러 왔어. 지원이 동생 지환이도 우람이와 같은 학년이야. 그래서 지원이와 나, 지환이와 우람이는 종종 만나서 놀곤 해. 그날은 지원이네 부모님까지 우리 집에 오셔서 함께 저녁을 먹

었어. 예전이었다면 엄마만 부지런히 움직였을 부엌에서 아빠도 함께 저녁을 준비하고 계셨어. 아빠가 양상추를 씻어 오고 숟가락을 놓으니까 지원이 엄마가 말했어.

"어머! 세미 아빠는 엄청 자상하시네요."

지원이 엄마의 말에 아빠는 차분한 목소리로 답했어.

"자상한 게 아니라 당연한 거죠."

소파에 앉아 계시던 지원이 아빠는 괜히 머쓱해지셨는지 자리에서 일어나 아빠 옆으로 오셨어.

"세미 아빠, 많이 달라지셨습니다. 요즘 무슨 일 있으세요?"

"네! 무슨 일이 좀 있었지요. 몰랐던 걸 알게 되었다고나 할까요? 우리가 다 같이 먹는 건데, 세미 엄마만 준비하게 할 수는 없죠!"

아빠는 이렇게 말하며 웃었어.

"세미 엄마가 저보다 훨씬 더 많이 저녁을 준비하는데, 세미 엄마한테는 자상하다고 안 하는 건 이상하다는 생각, 안 해 보셨어요?"

지원이 아빠는 무슨 소리냐는 듯 멍한 얼굴이 되어 아빠를 쳐다보았지. 기회는 이때다 싶은 표정의 아빠가 지원이 아빠에게 물었어.

"페미니즘 아세요?"

"페미니즘이요? 에이, 그런 거 잘 몰라요. 알아야 하는 건가요?"

"알아야 하는 건지, 몰라도 되는 건지는 공부해 보면 알죠. 지원 아빠! 우리 같이 공부해 볼까요?"

이렇게 지원이네 부모님과 우리 부모님의 페미니즘 공부는 시작되었어.

어제저녁의 일이야. 우람이가 엄마에게 말했어.

"엄마, 다음 주에 엄마가 아침 교통 지도라는데요?"

"응. 알고 있어. 안 그래도 아빠랑 상의해 보려고 해. 우람이를 키우는 일은 엄마와 아빠가 함께하는 거니까 말이야."

바로 그때 아빠가 이렇게 말씀하셨어.

"내가 하고 갈게. 내가 출근 시간이 조금 늦으니까 하면 돼."

어때? 엄마와 아빠의 공부는 계속 진행 중인 거 같지?

페미니즘이 뭘까?

페미니즘이 무엇이라 간단하게 정의하는 일이란 매우 어려워. 사람마다 생각하는 페미니즘이 조금씩 다르거든. 하지만 학교에서 일 년에 한두 번씩 교육할 때 듣는 성평등이라는 말을 기억하면 조금 쉽게 이해할 수 있을 거야. 성평등이란 여성과 남성이 성별에 따라 차별받지 않고 평등하다는 것이지. 페미니즘도 이와 다르지 않아. 성별에 따른 차별의 이유를 밝히고 이를 거부하는 운동으로 생각하면 돼. 또 페미니즘에서는 남성과 여성 이외에 성소수자의 권리 또한 소중한 것으로 보고 있어.

과거 대부분의 국가에서 법을 제정하고 정치와 경제 활동에 참여했던 사람들은 남성이었어. 여성은 정치에 참여할 수 없었고 경제 활동도 할 수 없었지. 그러다 보니 여성은 남성에게 오랫동안 의지해야만 했어. 만약 남성과 같은 기회가 주어졌다면 다를 수도 있었을 텐데 말이야. 페미니즘은 성별이 다르다는 이유로 가질 수 없었던 권리를 찾고 차별받지 않겠다는 선언인 셈이야.

당연한 이야기가 특별한 생각이 된 까닭

페미니즘은 특별한 생각이 아니야. 물론 오랫동안 외면받아 왔던 생각이긴 하지. 당연하게 여겨져 오던 것들을 향해 '아니야!'라고 외치는 일이기 때문이야. 예를 들어 여자는 당연히 결혼을 하고 육아와 살림을 도맡는 사람이라는 생각, 가족을 경제적으로 부양하는 일은 남자만 하는 것이라는 생각, 남자가 여자보다 직위가 더 높아야 한다는 생각, 여자는 고분고분해야 한다는 생각 같은 것들 말이야. 지금 들어 보면 이 생각들에 당연히 의문이 들지만 처음 문제를 제기한 사람들은 사회적으로 이상한 사람이라고 낙인찍혀야 했어.

1968년 9월 7일, '미스 아메리카'를 뽑는 대회에서 "여성은 가축이 아니라 사람이다"라는 구호로 200여 명의 여성 권리 옹호자들이 시위를 벌였다. 외모로 우위를 판단하고, 여성이 누군가의 눈요깃거리가 되는 문화를 반대한다는 이유에서였다.

최초의 페미니즘 서적 – 『여성의 권리 옹호』

평등과 자유, 박애를 상징하는 나라는 프랑스야. 프랑스는 왕과 귀족, 성직자 들의 부패에 맞서 시민계급이 일어나 혁명을 일으킨 나라이기도 해. 이 과정에서 생겨난 의회에서 여성은 오직 가정에 관한 교육만 받아야 한다고 주장하는 보고서가 제출되었어. 이에 메리 울스턴크래프트는 반박하는 글을 쓰게 돼. 그게 바로 『여성의 권리 옹호』라는 책이지. 이 책에는 계몽주의자이자 교육자인 루소의 주장을 비판하는 내용도 실려 있어. 루소는 모든 인류의 평등을 외치며 이렇게 말했어.

"모든 인류는 평등하다. 그가 우리 프랑스인이든, 독일인이든, 국왕이든, 노예든, 학자든, 귀족이든, 평민이든, 아프리카 원주민조차 우리와 똑같은 천부 인권을 가지고 있다. 단 하나, 여성은 예외다. 여성에게는 인권이 없다. 그러므로 교육시킬 필요도 없으며, 정치에 참여시켜서도 안 된다."

모든 인간은 평등하지만 여성은 인간조차도 될 수 없던 시절, 메리 울스턴크래프트는 『여성의 권리 옹호』를 통해 여성도 남성처럼 이성을 갖고 있는 존재이므로 동등한 권리를 보장받아야 한다고 주장했어. 루소가 안 된다고 했던 교육과 정치 참여의 기회 역시 남성과 동일해야 한다고 주장한 거지. 처음으로 여성의 권리에 대해 주장한 메리 울스턴크래프트는 '페미니즘의 어머니'라 불리곤 해.

『여성의 권리 옹호』를 쓴 메리 울스턴크래프트.

페미니즘을 배운다는 것

안녕, 나는 시몬 드 보부아르야. 프랑스의 철학자이자 소설가이지. 나는 1908년에 태어났는데 내가 살던 시대에는 여자가 공부하고 대학에 다니는 일이 아주 드물었어. 직업을 가진다는 것도 상상하기 힘들었지. 여자는 결혼을 하고 남편의 보호 아래 사는 것이 당연하다고 생각되었거든.

하지만 나는 그렇게 생각하지 않았어. 여자가 남자와 동등하게 배울 수 없다는 것, 여자가 직업을 가질 수 없다는 것, 여자가 남자의 보호를 받으며 남자에게 의지해야 한다는 것 등 그 시절에 당연하게 여겨지던 것들에 동의할 수 없었어. 왜 남자에게 가능한 일이 여자에게는 불가능하거나 남자의 허락이 필요하지?

『제2의 성』이라는 책은 내가 이 물음을 가지고 연구한 결과야. 나는 이 책을 통해 "여자는 태어나는 것이 아니라 만들어지는 것이다"라고 말했어. 남녀가 태어날 때부터 서로 다른 권리를 가지고 있는 게 아니라 아주 오랫동안 다양한 방식으로 남녀가 구분되어 왔음을 이야기했지. 이 책 때문에 나는 수많은 남성들의 야유와 협박을 받아 집에도 들어가지 못하는 처지가 되기도 했어. 하지만 또 이 책 덕분에 수많은 여성들의 지지를 받을 수 있었고, 오늘날 여성의 권리를 찾는 데 한 발짝 더 나아갈 수 있게 되었지.

얘들아, 사람들이 오랫동안 당연하다고 생각했던 일을 의심하고 그 의심을 밝히기 위해 공부하는 일이 내가 한 일이야. 배운다는 것은 그 이전에 생각하지 못했던 것을 알게 하고 다른 관점에서 바라보게 하는 힘을 주고, 몰랐을 때와는 다른 선택과 행동을 가능하게 해. 지금은 재미없다고 느껴질 수도 있는 국어나 수학 같은 과목들 역시도 너희 삶을 더욱 다양하게 바라볼 수 있는 힘을 줄 수 있어.

그런 점에서 여성의 삶에 대한 공부 역시 필요해. 이 공부를 '페미니즘'이라고 부른다면 우리는 페미니즘을 공부할 필요가 있어. 여성의 삶에 대한 이해가 있어야 남성의 삶에 대한 이해도 가능할 테니까 말이지.

페미니즘은 어려운 게 아니야. 너와 나의 다름이 차별의 이유가 될 수는 없다는 이야기를 하는 거야. 그러니까 너희도 한번 공부해 보지 않을래?

한국의 많은 아이들과 함께 공부하고 싶은

시몬 드 보부아르가

닫는말

조금 더 따듯하고
공평한 세상을 향한 첫걸음

2018년 우리나라에서 평창올림픽이 열렸던 때의 일이에요. 핀란드 대표 선수들이 단체로 뜨개질하는 모습이 카메라에 잡혔어요. 특히 스노보드 남자 슬로프스타일 중계 카메라에 잡힌 안티 코스키넨 코치는 슬로프 꼭대기에서도 뜨개질바늘을 손에서 놓지 않아 전 세계 관중의 시선을 사로잡았어요. 사람들은 '#올림픽뜨개질'이라는 해시태그를 달아 소셜미디어에 공유하며 신기해했어요.

그런데 핀란드에서 뜨개질은 누구나 즐기는 취미 생활이라고 해요. 배를 타던 핀란드인의 조상은 그물 만들기 선수들이었고 긴긴 겨울밤을 보내기에 뜨개질은 안성맞춤인 취미 생활이기도 했대요.

북유럽에선 당연한 일들이 우리나라에서는 낯선 일이 될 수 있는 것처럼 우리가 살아가는 곳은 서로 다른 모습들로 채워져 있답니다.

자, 그럼 이제 우리가 살아가고 있는 세상을 떠받치고 있는 생각들은 어떻게 만들어지고 전달되는지 궁금하지 않나요?

지금까지 여러분이 읽은 책들, 매일 보는 광고나 영상, 매일 듣는 어른들의 말들, 음악 등을 떠올려 봐요. 너무나 신이 나서 저절로 몸을 흔들게 되는 아이돌 그룹의 노래 속 "여자는 쉽게 맘을 주면 안 돼"라는 가사는 자연스럽게 여성의 역할이 어떠해야 한다고 전달해 주어요. 게임 속 캐릭터는 여자가 잘록한 허리를, 남자가 탄탄한 근육을 가져야 한다고 당연하게 여기게 만들어 버리죠.

일상의 말들도 마찬가지예요. 남녀, 부모, 아들딸처럼 남성이 여성보다 먼저 쓰이는 단어도 오랜 생각이 만들어 온 말들이에요.

하지만 더 두려운 것은 이런 구분이 너무나 '자연스럽다'라는 거예요. 예민한 눈과 귀, 마음이 없다면 알아차리기 쉽지 않거든요.

더 잘 보고, 더 잘 듣고, 더 잘 느끼는 법을 배워야 한다고 했던 미국의 저널리스트 수전 손택의 이야기는 우리가 세상을 어떤 태도로 살아가야 할지 말해 주는 거 같아요.

이제 우리도 이 책을 덮고 책 밖의 세상을 조금 더 잘 보고, 더 잘 듣고, 더 잘 느끼는 법을 배워 갔으면 좋겠어요. 이런 배움들이 세상을 조금 더 따뜻하고 조금 더 공평하게 만드는 첫걸음이 될 테니까요!

참고한 자료

『검은 대륙의 초록 희망』, 왕가리 마타이 지음, 이혜경 옮김, 책씨, 2005
『기생-생명진화의 숨은 고리』, 박성웅 외 4명 지음, MID, 2014
『나의 첫 젠더 수업』, 김고연주 지음, 창비, 2017
『남녀차별은 왜 생겨났나?』, 프랑수아즈 에리티에 지음, 박찬규 옮김, 구름서재, 2017
『내가 사랑한 수학자들』, 박형주 지음, 푸른들녘, 2017
『수학자도 사람이다』, 루타 라이머・윌버트 라이머 지음, 김소정 옮김, 꼬마이실, 2007
『싸우는 여자가 이긴다』, 에멀린 팽크허스트 지음, 김진아・권승혁 옮김, 현실문화연구, 2016
『어린이 페미니즘 학교』, 초등성평등연구회 지음, 이해정 그림, 우리학교, 2018
『여성의 권리 옹호』, 메리 울스턴크래프트 지음, 문수현 옮김, 책세상, 2018
『위대한 희망』, 왕가리 마타이 지음, 최재경 옮김, 김영사, 2010
『청소년을 위한 양성평등 이야기』, 이혜진 지음, 파라주니어, 2016
「10~30대 섭식장애 여성의 집단미술치료 체험연구」, 노지혜, 서울여자대학교, 2018. 8
「교과서 속의 성차별, 이렇게 바꿔 주세요!」(여성가족부 보도자료)
「유엔아동권리협약과 선택의정서」(유엔아동권리협약 한국 NPO연대 자료집)
「기하학 난제 풀고 유리천장 깬 천재 수학자, 하늘의 별이 되다」, 『한국경제』, 2017. 7. 16
「"너무 마르면 모델 금지"…프랑스, 잘못된 美 기준 바꾼다」, 『중앙일보』, 2017. 8. 9
「노키즈존 찬성자의 착각」, 『경향신문』, 2018. 1. 21
「대한민국 제1호 여성장관 임영신」, 『조선일보』, 2009. 9. 9
「인권위 "'노키즈 존' 식당 운영은 아동 차별 행위"」, 『한겨레』, 2017. 11. 24

이미지 제공처

- 책에 실린 사진은 아래 기관 및 저작권자의 도움으로 사용할 수 있었습니다. 사진을 제공해 주신 분들께 감사드립니다.
- 저작권자를 찾지 못하여 게재 허락을 받지 못한 사진에 대해서는 확인되는 대로 허락을 받고 통상의 기준에 따라 사용 절차를 밟겠습니다.
- 74~75쪽에 사용된 콜라주 작품은 각각 〈마리 레슈친스카 프랑스 왕비와 루이 왕태자〉(알렉시 시몽 벨, 1730), 〈왕좌에 앉은 나폴레옹〉(장 오귀스트 도미니크 앵그르, 1806)입니다.
- 국립중앙박물관 : 〈평안감사향연도 일부〉(44쪽)
- (사)배리어프리영화위원회 : 〈비장애인이 보는 영화 화면과 배리어프리영화 화면〉(64쪽)
- 셔터스톡 : 〈촌충 사진(게시자 Rattiya Thongdumhyu)〉(100쪽), 〈서울의 노키즈존 카페(게시자 atomyang)〉(128쪽)
- 기타 제공처 : 위키피디아, 픽사베이(Pixabay)